Tierärztin Dr. Anne Warrlich

Warum das Kaninchen
Luftsprünge macht

Tierärztin Dr. Anne Warrlich

Warum das Kaninchen Luftsprünge macht

99 Fragen und Antworten, damit ich mein Zwergkaninchen besser verstehe

Mit 37 Cartoons von Billa Spiegelhauer

KOSMOS

Mit 37 Cartoons von Billa Spiegelhauer.

Umschlaggestaltung von eStudio Calamar unter Verwendung eines Farbfotos von Regina Kuhn und einem Cartoon von Billa Spiegelhauer.

Bibliografische Information der Deutschen Bibliothek
Die Deutsche Bibliothek verzeichnet diese Publikation in der Deutschen Nationalbibliografie; detaillierte bibliografische Daten sind im Internet über http://dnb.ddb.de abrufbar.

Informationen senden wir Ihnen gerne zu

Bücher · Kalender · Experimentierkästen · Kinder- und Erwachsenenspiele
Natur · Garten · Essen & Trinken · Astronomie
Hunde & Heimtiere · Pferde & Reiten · Tauchen · Angeln & Jagd
Golf · Eisenbahn & Nutzfahrzeuge · Kinderbücher

KOSMOS Postfach 10 60 11
D-70049 Stuttgart
TELEFON +49 (0)711-2191-0
FAX +49 (0)711-2191-422
WEB www.kosmos.de
E-MAIL info@kosmos.de

Gedruckt auf chlorfrei gebleichtem Papier

© 2005, Franckh-Kosmos Verlags-GmbH & Co. KG, Stuttgart
Alle Rechte vorbehalten
ISBN 3-440-09869-9
Redaktion: Alice Rieger
Herstellung: Kirsten Raue / Markus Schärtlein
Printed in the Czech Republic / Imprimé en République Tchèque

Inhaltsverzeichnis

FRAGEN UND ANTWORTEN RUND UMS KANINCHEN .11

Geschichte 12
Wo kommen die Kaninchen her? 12
Seit wann werden Kaninchen gehalten? 12
Wie hat sich die Zucht entwickelt? 13
Wie viele Rassen gibt es und wozu braucht man sie? 14
Watership down: Wo leben die wilden Kaninchen heute? 15

Sinnesorgane und Körpermerkmale 16
Wie sehen Kaninchen die Welt? 16
Spürnasen: Welche Rolle spielt der Geruchssinn? 17
Visitenkarten: Was verraten Kaninchendüfte? 17
Kleine Schalltrichter: Wie gut hören lange Löffel? 18
Schmecken Kaninchen das Gleiche wie wir? 19
Tasthaare: Warum tragen Kaninchen Schnurrbärte? 19
Sind die größeren Kaninchen auch die größeren Angsthasen? .. 19
Wachsen wurzellose Zähne weiter? 20
Was bewirken die Hormone? 21
Kaninchenschule: Müssen auch Kaninchen lernen? 22
Wie alt und schwer werden Kaninchen? 23

Natürliche Lebensweise 23
Wie geht es bei Wildkaninchen zu? 23
Warum sind Kaninchen wahre Meister-Architekten? 24
Wie vermeiden Kaninchen Tunnelstaus? 25
Warum haben Kaninchen verschiedene Eingänge? 25
Gibt es auch Kaninchen-Kinderzimmer? 26

Dufte Nachrichten: Warum ist der Geruch so wichtig? 26
Können Kaninchen miteinander sprechen? 27
Körpersprache: Entspannt, ängstlich oder schlecht gelaunt? 27
Wie verbringen Kaninchen ihren Tag? 29
Wie reinigt man so lange Löffel? 29
Haarige Zeiten: Warum wechseln Kaninchen ihr Fell? 31
Dämmerleben: Warum toben Kaninchen im Dunkeln? 32
Wie ernähren sich Kaninchen? 32
Knabbern, stopfen, zickzack-grasen: Wie essen Kaninchen? 33
Gräser, Wurzeln und Gemüse: Was ist Kaninchens
   Leibgericht? 34
Warum „recyclen" Kaninchen ihr Futter? 35
Warum liegen die Toilettenplätze direkt neben dem Eingang? .. 36
Alles Böse kommt von oben: Wer will an Kaninchens Pelz? 37
Dämmern, Dackel, Donnerbüchse: Wie jagen Jäger? 38
Was haben Pferde und Kaninchen gemeinsam? 38
Plumps-Taktik: Wie schützen sich Kaninchen vor ihren
   Feinden? 39
Flinke Beine: Wer gewinnt den Dauerlauf? 39
Kratzen, treten, boxen, beißen: Warum sind Kaninchen
   unangenehme Gegner? 40

Kaninchenhaltung 41
Warum mögen Kaninchen „Kingsize"-Heime? 41
Warum brauchen auch Kaninchen Häuser? 41
Hop in: Selbstbedienung für Kaninchen? 42
Können Kaninchen das ganze Jahr über im Freien leben? 42
Gesellschaftstier Kaninchen: Couchpotato oder Spiel-Freak? 43
Beste Wohnlage: Warum sollte das Kaninchenheim
   erhöht stehen? 43
Experiment: Wie nehmen Kaninchen die Wohnung wahr? 44

Warum sollten Freigehege aus- und einbruchssicher sein? 45
Wie gewöhnt man das Kaninchen an die Leine? 45

Paarung und Nachwuchs 45
Ab wann können Kaninchen sich vermehren? 45
Ökonomischer Eisprung: Wie erhöhen Kaninchen die
  Chancen auf eine erfolgreiche Befruchtung? 46
Lange Tage, laue Nächte: Was bewirkt das Tageslicht? 46
Kindersegen: Wie viele Würfe bekommt die Häsin? 47
Wie verläuft die Paarung? 47
Wie baut die Häsin ihr Nest? 49
Sind Kaninchen Rabeneltern? 50

Kaninchenkinder 51
Fremd-Bakterien: Wie verdauen kleine Kaninchen? 51
Forscherdrang per Hasenzahn: Wie erforschen die Kleinen
  die Welt? 51
Handaufzucht: Was ist bei der mutterlosen Aufzucht zu
  beachten? 53
Wie bekommt man ein Kaninchen stubenrein? 54
Geburtenregelung: Geschlechtertrennung oder Kastration? 55
Was sollte man beim Kauf beachten? 57
Warum leben Kaninchen nicht gern alleine? 58
Kaninchenfreundschaften: Warum freuen sich Kaninchen
  über einen Kumpel? 58
Verschiedene Welten: Warum haben sich Kaninchen und
  Meerschweinchen nicht viel zu sagen? 59
Warum schüchtern Hund und Katze das Kaninchen ein? 60
Katz und Hund: Wie nimmt man dem Hoppler die Angst? 61
Zweitkaninchen: Warum benimmt sich das Kaninchen wie
  ein Platzhirsch? 62

Beschäftigung 63
Kleine Cleverchen: Wie gelehrig sind Kaninchen? 63
Männchen machen: Wie bringt man's dem Kaninchen bei? 64
Über Stock und über Stein: Wie springbegeistert sind
    Kaninchen? 65
Ab ins Körbchen: Wie macht man die Transport-Box
    schmackhaft? 66

Kaninchenfitness 68
Wippen, hüpfen, klettern: Wie bleibt das Kaninchen fit? 68
Was ist „Kaninhop"? 68
Der Futterball: Wie kommt Hoppel an die Leckerlies? 74
Der Fitnessparcours: Zirkeltraining für Kaninchen? 75

Krankheiten frühzeitig erkennen 76
Kleine Indianer: Warum zeigen Kaninchen keinen
    Schmerz? 76
Dauerdurst und schlechte Laune: Versteckte Hinweise auf
    Krankheiten? 77
Was hat die Anschaffung mit Vorbeugung zu tun? 79

FRAGEN UND BEISPIELE AUS DER PRAXIS 81

Warum streiten auch Kaninchen? 82
Vom charmanten Kumpel zur bissigen Gewehrkugel:
    Ist mein Kaninchen „schizophren"? 83
Kaninchenstreitigkeiten: Warum greift Bonny ihren
    neuen Kumpel an? 85
Trommeln, kratzen, beißen: Gibt es saisonbedingte
    schlechte Laune? 88

Altersstarrsinn oder Zipperlein? 89
Lästiger Wecker: Wie stoppt man randalierende Kaninchen? 91
Kinderfreund und Männerfeind? 92

Wer ist hier der Chef? 94
Aufreiten: Ist die Häsin doch ein Rammler? 95
Wahre Freunde: Sollen Meerschweinchen und Kaninchen
   getrennt werden? 98
Abartiges Verhalten oder Liebesbeweis? 99
Meerschwein-Hüpfburg: Warum kraxeln die Meerschweinchen
   auf dem Kaninchen herum? 101

Warum machen Kaninchen Sachen kaputt? 103
Zähne contra Tischbein: Wie schützt man Antiquitäten vor
   Nagezähnen? 103
Fragwürdige Deko: Warum zieht unser Kaninchen
   Tapetenstreifen von der Wand? 105
Wie kann man buddelbegeisterte Kaninchen mit englischem
   Rasen vereinbaren? 106
Teppich in Fransen: Wie konnte unser Kaninchen unbemerkt
   den Teppich durchlöchern? 108
Merkwürdige Leckerbissen: Warum frisst mein Kaninchen
   Gummidichtungen? 110

Warum sind Kaninchen schreckhaft? 111
Stubenhocker: Wie locken wir Jimmy aus seinem
   Häuschen? 112
Wilde Hatz: Wie können wir unser Kaninchen einfangen? 114
Warum boykottieren unsere Kaninchen ihren Auslauf? 116
Warum mögen Trine und Tralla keine neuen Möbel? 118
Monster im Badezimmer? 120

Womit füttert man die Mümmelmänner? 122
Junior, Senior, Zwerg oder Angora: Welches Futter braucht
  das Kaninchen? 123
Weiß Kaninchen, welche Pflanzen giftig sind? 125

Noch mehr Fragen 127
Freilandhaltung: Können Barney und Fred ganzjährig
  draußen wohnen? 128
Wie gewöhne ich mein Kaninchen an ein Brustgeschirr? 130
Warum schütteln Kaninchen den Kopf? 131
Kahle Stellen: Warum reißt sich mein Kaninchen
  Haare aus? 133
Unliebsame Abräum-Hilfe: Warum klettert Jeremy auf alle
  Tische? 134
Warum macht mein Kaninchen Luftsprünge? 137

Service 138
Zum Weiterlesen und Weiterclicken 138
Nützliche Adressen 139
Register 140

FRAGEN UND ANTWORTEN RUND UMS KANINCHEN

Dieses Buch verdanke ich vor allem meinen Lesern, die mir im Laufe der Jahre zahlreiche Leserbriefe zu meinem Buch „Meine Zwergkainchen" geschrieben haben. Die meisten Fragen bezogen sich auf Kaninchenverhalten. Ich wollte gerne alle Fragen nach bestem Wissen beantworten, doch manchmal wusste ich auch nicht weiter. Ich wurde neugierig und habe angefangen, mich inteniver mit dem Verhalten der Hoppler zu beschäftigen. Seitdem sehe ich Kaninchen mit anderen Augen: Sie sind nicht mehr nur nette kleine Tiere, die im Käfig leben und Gras mümmeln, sondern clevere kleine Individuen mit Familiensinn, die allerhand lernen können.

Um Kaninchen zu verstehen, muss man wissen, wo sie herkommen und wie sie in freier Natur leben. Fragen zur Geschichte, zu den Sinnesorganen, Körpermerkmalen und ihrer natürlichen Lebensweise sowie vieles über Haltung und Beschäftigung finden Sie in den folgenden Kapiteln. Sicherlich entdecken Sie Ihr Kaninchen in vielen Situationen wieder.

Viel Spaß beim Lesen wünscht Ihnen
Ihre Anne Warrlich

Geschichte

Wo KOMMEN die Kaninchen her?

Hasenartige waren zuerst in Nordamerika ansässig. Die frühsten Funde stammen aus dem Tertiär (vor 70 bis 2 Millionen Jahren). Seit dem Pliozän (vor 7 Millionen Jahren) haben sich Kaninchen in Europa und Asien angesiedelt. Unsere heutigen Kaninchen stammen vom europäischen Wildkaninchen ab.

Die frühsten Berichte über das Zusammenleben von Menschen und Kaninchen stammen von den Phöniziern. Als die Phönizier vor ungefähr 3000 Jahren die iberische Halbinsel (das heutige Portugal und Spanien) entdeckten, waren sie über die große Anzahl Kaninchen erstaunt, die diesen Raum bevölkerten. Sie nannten das Land I-she-pam-im, was soviel wie "das Land der Kaninchen" bedeutet und von den Römern mit Hispania oder Spanien ins Lateinische übersetzt wurde. Spanien hat seinen heutigen Namen also den Kaninchen zu verdanken.

Seit wann werden Kaninchen GEHALTEN?

Die Phönizier haben die Kaninchen vermutlich noch nicht gezähmt, zumindest gibt es keine Quellen darüber. Die ersten Berichte über Kaninchenhaltung stammen von den Römern (ca. 36 vor Christus). Sie hielten ihre Kaninchen in so genannten Leporarien. Dies kann als der Zeitpunkt der eigentlichen Domestikation des Kaninchens angesehen werden. Es wurden also nicht nur gefangene Tiere in Leporarien gehalten, sondern wahrscheinlich auch gezüchtet. Sie galten jedoch als Aufbesserung des Speiseplans und nicht als Familienmitglied.

Durch den Menschen wurden Kaninchen in ganz Europa verbreitet. Sie dienten immer noch zu Nahrungszwecken. Neugeborene Kaninchen galten im 5. Jahrhundert laut einem päpstlichen Dekret nicht als Fleisch und konnten während der Fastenzeit verspeist werden.

Wie hat sich die ZUCHT entwickelt?

Im sechsten Jahrhundert begann die Zucht von Kaninchen, die aber nach wie vor zu Nahrungszwecken genutzt wurden. Ein Gemälde von Tizian (1530) zeigt eine Madonna mit einem weißen Kaninchen. Es muss also um diese Zeit bereits Albinokaninchen gegeben haben. Erst seit dem Mittelalter wurden Kaninchen gezielt gezüchtet, aber immer noch, um sie aufzuessen. Die Zucht von verschiedenen Kaninchenrassen kam im 19. Jahrhundert in Gang. Das Hermelin, eine Wieselart, war fast ausgerottet, weil sein Winterfell für den Pelzbesatz der prunkvollen Roben an Fürsten- und Königshöfen gebraucht wurde. Als Ersatz wurden gezielt weiße Kaninchen miteinander verpaart, weil ihr Fell dem des Hermelins glich. Die Kaninchenzucht, wie wir sie heute kennen, begann mit der industriellen Revolution im 19. Jahrhundert. Die Menschen bevölkerten die Städte und hatten in ihren kleinen Häusern und Hinterhöfen nicht mehr die Möglichkeit, ein Schwein oder eine Kuh zu halten.

Kaninchen waren eine gute Alternative, da sie wenig Platz in Anspruch nahmen. Inzwischen wandelte sich das Ziel der Zucht. Das Kaninchenfleisch stand nun nicht mehr im Vordergrund, sondern gewisse Körpermerkmale wie Fellfarben, Ohrformen usw.

Im 20. Jahrhundert entdeckte man bei besonders kleinen Kaninchen mit kurzen Ohren und kleinem Körper das so genannte Verzwergungsgen und verpaarte die Tiere gezielt miteinander. Das heutige Zwergkaninchen war entstanden.

Das Widderkaninchen mit seinen charakteristischen Schlappohren ist zwar ein kleines Kaninchen, ihm fehlt jedoch das Verzwergungsgen. Deshalb wird es meistens etwas größer und schwerer als ein echter Zwerg.

Wie viele RASSEN gibt es und wozu braucht man sie?

Heute gibt es über 200 verschiedene Kaninchenrassen. Kaninchen werden für verschiedenste Zwecke gezüchtet. Angorakaninchen als Wollproduzent, große Rassen wie der Belgische Riese als Fleischlieferant, die Hermelinkaninchen nach wie vor wegen ihres weichen, weißen Fells und natürlich die Zwergkaninchen als Haus- und Schmusetiere. Die meisten in Zoogeschäften erhältlichen Kaninchen sind Mischlinge, reinrassige Tiere bekommt man meist nur beim Züchter. Die Züchter geben in der Regel die Tiere ab, die vom züchterischen Standpunkt für sie uninteressant sind, weil sie vielleicht ein Knickohr haben oder die Rückenlinie nicht perfekt ist. Dies bedeutet jedoch nicht, das dies „schlechtere" Kaninchen sind, denn die Züchter interessieren sich nur für die äußeren und nicht für die inneren Werte.

Um sich einen Überblick über die Vielzahl der verschiedenen Kaninchenrassen zu verschaffen, sind Kleintierzuchtschauen sicher lohnenswert. Es gibt sie in nahezu jeder Stadt und werden von den lokalen Kleintierzuchtverbänden organisiert. Meistens werden sie in den Lokalzeitungen angekündigt. Oftmals sind es kombinierte Schauen, auf denen die Jungtiere des vergangenen Jahres gezeigt werden. Hier kann man dann auch Tauben, Hühner, Enten und Gänse bewundern. Auf diesen Schauen bietet sich die Möglichkeit, mit Kaninchenzüchtern ins Gespräch zu kommen, um sich näher über die Merkmale der einzelnen Rassen zu informieren.

Watership down: Wo LEBEN die Kaninchen heute?

Kaninchen sind durch den Menschen auf der ganzen Welt verbreitet worden und sind als Wildkaninchen nicht immer beliebt. Durch ihre Vermehrungsfreudigkeit – sie sind nicht umsonst bei heidnischen Völkern ein Fruchtbarkeitssymbol – nimmt ihre Zahl stetig zu und sie können vor allem in der Landwirtschaft großen Schaden anrichten.

Die große Vermehrungsfreudigkeit der Kaninchen und ihre rasche Verbreitung wurde am besten in Australien dokumentiert. Dort gab es bis zum Jahre 1859 keine Kaninchen. Ein Engländer namens Thomas Austen brachte aus seiner Heimat 24 Kaninchen mit, um sich in Australien heimisch zu fühlen und ließ sie auf seinem Besitz in Victoria frei. Sechs Jahre später wurden allein auf seinem Grund und Boden rund 20.000 Kaninchen getötet. Im 800 Kilometer entfernten Queensland wurden Kaninchen entdeckt, die alle von diesen ursprünglich 24 Tieren abstammten. In Australien war die Situation besonders prekär, weil die Kaninchen keine natürlichen Feinde hatten, die ihre Zahl dezimieren konnten. Auch Bekämpfungsmaßnahmen, wie die Vergasung und das Ausgraben der Bauten sowie die intensive Jagd auf Kaninchen, konnten die Kaninchenplage nicht stoppen. Also griff man zu anderen Mitteln, um die Kaninchen auszurotten. Um 1950 infizierte man sie mit Myxomatose, einer hochansteckenden, von Stechmücken übertragenen Erkrankung. Viele Kaninchen starben, doch nicht alle. Die überlebenden Tiere vermehrten sich anschließend umso explosionsartiger.

Auch eine neue Virusinfektion, die RHD (Rabbit Haemorrhagic Disease), mit der man die Kaninchen in den 90-ziger Jahren infizierte, brachte nicht den gewünschten Erfolg. 99Prozent der Wildkaninchenpopulation fielen diesem Virus zum Opfer, einige resistente Tiere überlebten und gründeten neue Populationen. Und so begann das Spiel begann von neuem.

Sinnesorgane und Körpermerkmale

Wie SEHEN Kaninchen die Welt?

Kaninchen haben eine andere Sichtweise von der Welt als wir. Ihre seitlich am Kopf liegenden Augen ermöglichen ihnen eine fast 360 Grad Rundumsicht. Dinge, die sich genau vor ihrer Nase befinden, sehen sie nicht. Dafür erkennen sie Dinge hinter und über ihrem Kopf recht gut. Das ist äußerst praktisch, denn der Feind des Kaninchens kommt meistens von oben. Die Pupille des Kaninchenauges kann sich schlechter zusammenziehen als die des Menschen. Deswegen mögen Kaninchen grelles Licht nicht besonders gerne. Diese anatomische Besonderheit macht es ihnen auch schwer, wirklich scharf zu sehen und Entfernungen, vor allem im Nahbereich, gut einzuschätzen. Außerdem sind Kaninchen kurzsichtig, das heißt, sie sehen in der Ferne unscharf. In der Dämmerung funktionieren ihre Augen am besten, was ihnen als dämmerungsaktive Tiere entgegenkommt. Kaninchen leben in unterirdischen Bauten und Höhlen. Da es dort dunkel oder dämmrig ist, brauchen sie für ihr Überleben kein besonders gutes Augenlicht.

Spürnasen: Welche Rolle spielt der GERUCHSSINN?

Kaninchen orientieren sich sehr stark über den Geruchssinn. Sie kommunizieren untereinander, indem sie Gegenstände oder ihr Revier mit ihren Duftdrüsen, ihrem Kot und ihrem Urin markieren.

Besonders männliche Tiere sind ausgeprägte „Kinn-Rubbler". Mit ihren Kinndrüsen markieren sie eifrig, was ihnen in die Quere kommt. Nicht nur Gegenstände werden berubbelt, sondern auch andere Kumpel. Das stärkt das Familienzugehörigkeitsgefühl und signalisiert sofort, dass ein Familienmitglied anwesend ist. Zu den Familienmitgliedern gehören auch wir Menschen. Jeder Kaninchenbesitzer kennt das Gefühl, wenn das Kaninchen genüsslich sein Kinn an den Hosenbeinen reibt. Da wir unsere Kleidung ständig wechseln und dauernd anders riechen, treiben es manche Kaninchen auf die Spitze und rubbeln ihr Kinn an jedem neuen Kleidungsstück, um entsprechende Haare zu hinterlassen, was nicht immer auf uneingeschränkte Gegenliebe stößt.

Visitenkarten: Was verraten KANINCHENDÜFTE?

Neben den Kinndrüsen verfügen Kaninchen noch über andere Duftdrüsen. Diese befinden sich am After und in der Leiste. Die Perianal- oder Leistendrüsen dienen dazu, dem Kaninchen seinen eigenen unverwechselbaren Duft zu geben und es für andere Tiere erkenntlich zu machen. Sie liegen in einer Hautfalte neben der Geschlechtsöffnung und produzieren ein zähes, talgiges, gelbliches Drüsensekret. Den Geruch können auch Menschen wahrnehmen. Er riecht nach Urin oder leicht süßlich. Beim Zusammentreffen zweier Kaninchen wird zuerst die Analgegend berochen. Das Sekret gibt dem Gegenüber Auskunft über Alter, Geschlecht und Paarungsbereitschaft.

Allen Drüsen ist gemeinsam, dass sie für uns nicht oder nur sehr schwer wahrnehmbare Geruchsstoffe bilden, mit dem sich die Kaninchen untereinander verständigen. Dominante Tiere markieren mehr als solche, die in der Hierarchie weiter unten stehen. Die Größe der Duftdrüsen ist beim männlichen Tier abhängig von der Produktion von männlichen Geschlechtshormonen im Hoden. Häsinnen markieren mit ihren Duftdrüsen ihre Nachkommen und können so sehr genau unterscheiden, ob die Kinder ihre eigenen sind oder die einer fremden Häsin. Die Markierung des Territoriums mit dem eigenen Duft macht die Kaninchen sehr selbstsicher.

Kleine SCHALLTRICHTER:
Wie gut hören lange Löffel?

Kaninchen haben ein extrem gutes Gehör. Das brauchen sie als Beutetier auch, um leise anschleichende Feinde wie Fuchs, Katze oder Marder sowie Raubvögel frühzeitig wahrnehmen zu können. Ihre Ohren sind kleine Schalltrichter, die sehr beweglich in alle Richtungen gedreht werden können, um die Geräusche besser zu orten. Sie ähneln quasi kleinen Radarschüsseln. Widderkaninchen hören zwar immer noch viel besser als Menschen, haben aber durch ihre unbeweglichen Hängeohren einen deutlichen Nachteil.

Durch ihr gutes Gehör sind Kaninchen sehr geräuschempfindlich und schätzen laute Musik oder übermäßigen Krach überhaupt nicht.

SCHMECKEN Kaninchen das Gleiche wie wir?

Kaninchen haben, genau wie wir, Geschmacksknospen auf ihrer Zunge und können süß, sauer, bitter und salzig unterscheiden. Bei der Auswahl ihrer Nahrungsmittel hat süß zwar nicht die oberste Priorität, Kaninchen mögen aber dennoch gerne süße Sachen, die leider dick machen. Natürliche Leckerbissen, wie süßer Klee oder würzige Petersilie werden gerne gefressen.

TASTHAARE: Warum tragen Kaninchen Schnurrbärte?

Der Schnurrbart dient nicht nur Zier, sondern hat eine wichtige Funktion. Er besteht aus Tasthaaren, besonders ausgebildeten Haaren, deren Wurzeln mit feinen Nerven ausgestattet sind und dem Kaninchen in der Dunkelheit ermöglichen, abzuschätzen, ob ein Durchschlupf breit genug ist oder nicht. Außerdem dienen sie zum Ertasten von Gegenständen, die sich direkt vor dem Gesicht befinden, denn die sieht das Kaninchen kaum. Tasthaare dürfen keinesfalls abgeschnitten oder nach hinten umgebogen werden, denn das bereitet dem Kaninchen Schmerzen.

Sind die größeren Kaninchen auch die größeren ANGSTHASEN?

Unsere heutigen Kaninchen stammen alle von einer Kaninchenfamilie ab, nämlich vom europäischen Kaninchen. Es kam ursprünglich in Südeuropa vor und bestand aus einer relativ kleinen Anzahl von Tieren. Durch gezielte Zucht sind unsere heutigen Kaninchen entstanden. Heutzutage gibt es ungefähr 200 verschiedene Kaninchenrassen und selbst Fachleuten fällt es schwer, den Überblick zu behalten, weil die Rassen in verschiedenen Farbschlägen vorkommen. Den verschiedenen Kaninchenrassen werden bestimmte Eigenschaften zugeordnet, sowohl was das Verhalten angeht als auch was die körperlichen Merkmale betrifft. Ein „Stallhase" ist ein eher ruhiger Vertreter der Gattung Kaninchen und nicht so leicht aus der Ruhe zu bringen. Die Zwergkaninchen sind lebendiger, wendiger und ängstlicher. Unter den Zwergkaninchen sind die Widderkaninchen die eher ruhigeren Vertreter, obwohl es sich bei ihnen eigentlich nicht um echte Zwergkaninchen handelt, denn ihnen fehlt das Verzwergungsgen. Sie sind also normale Stallhasen, die nur ein bisschen kleiner ausgefallen sind. Als Faustregel kann man sich merken, je kleiner das Individuum, desto schreckhafter und ängstlicher ist es.

Wachsen WURZELLOSE Zähne weiter?

Kaninchen haben wurzellose Zähne, die ständig nachwachsen. Durch das Zerbeißen der Nahrung mit den Schneidezähnen, bzw. das intensive Mahlen beim Kauen von Heu oder Gras werden die Zähne durch Reibung kurz gehalten. Normalerweise funktioniert das auch ohne große Probleme, Kaninchen haben sozusagen eine eingebaute Zahnschleifmaschine. Bei den Zwergkaninchen ist der Kopf nun besonders rund und kurz, die Anzahl der Zähne ist jedoch gleich geblieben. Dadurch stehen die Zähne im Kiefer zu nah aneinander und können bei den Kaubewegungen nicht mehr richtig abgeschliffen werden. Die Folge ist ein überlanges Wachstum der Backenzähne, die richtige kleine Häkchen und Spitzen bilden können, was den Tieren große Schmerzen beim Fressen bereitet. Diese Zähne müssen dann regelmäßig vom Tierarzt abgeknipst und beschliffen werden, eine äußerst unangenehme Prozedur für die Kaninchen.

Was bewirken die HORMONE?

Aber auch die Hormone beeinflussen das Verhalten von Zwergkaninchen. Die Paarung, das Verhalten als Elterntiere und das territoriale Verhalten sind weitgehend genetisch bedingt, werden aber auch von Hormonen beeinflusst. Die Paarungszeit von Kaninchen fängt Ende Januar an und dauert bis Ende Juli. Der Hypothalamus, eine bestimmte Region im Gehirn, reagiert auf die zunehmende Tageslichtlänge und veranlasst die Sexualorgane, nämlich Hoden und Eierstöcke, hormonell aktiv zu werden. In den Hoden wird das männliche Geschlechtshormon Testosteron gebildet und in den Eierstöcken das weibliche Sexualhormon Östrogen. Die Rammler werden sexuell aktiv und die Häsinnen brünstig. In dieser Zeit ist auch das territoriale Verhalten unserer Zwergkaninchen stärker ausgeprägt. Die Mümmler neigen dazu, ihr Revier, nämlich ihren Käfig, eher zu verteidigen und können aggressiv reagieren, wenn sich die Hand dem Käfig nähert.

Das Verhalten eines Tieres wird zum einem durch sein genetisches Material beeinflusst, das es je zur Hälfte von der Mutter und vom Vater vererbt bekommt. Aber das Verhalten wird auch durch Umwelteinflüsse geprägt.

Kaninchenschule: Müssen auch Kaninchen LERNEN?

Jedes Individuum lernt so lange es lebt, auch Kaninchen. Der Lernvorgang wird durch Erfahrungen beeinflusst, die Tiere und Menschen mit der Umwelt machen. Kinder lernen, dass der Kontakt mit der heißen Herdplatte unangenehm ist und verknüpfen fortan negative Erfahrungen mit der Herdplatte. Der Lernprozess ist bei Kaninchen im Grunde der gleiche.

Kaninchen lernen von Geburt an, obwohl sie in den ersten drei Lebenswochen blind und taub sind. Ihr Geruchssinn ist allerdings von Anfang an sehr gut ausgeprägt. In den ersten drei Lebenswochen geht es für die kleinen Kaninchen nur ums Überleben. Mit ihrem ausgeprägten Geruchssinn lernen sie schnell, die Zitze ihrer Mutter in immer kürzerer Zeit zu finden, um Milch zu trinken. Im Alter von ungefähr drei Wochen verlassen die kleinen Kaninchen das Nest und erkunden ihre Umgebung. Sie können nun sehen, hören und sich fortbewegen. Jetzt sind sie bereit, auf Umwelteinflüsse zu reagieren und ihre Erfahrungen zu verarbeiten. Diese Zeit nennt man Prägungs- und Sozialisationsphase. Diese hält ungefähr bis zur 12. Lebenswoche an und ist für junge Zwergkaninchen besonders wichtig. Alle Erfahrungen, die die Kaninchen in dieser Zeit machen, brennen sich sozusagen unauslöschlich in ihr Gedächtnis ein. Sie sollten jetzt lernen, dass der Mensch kein Feind sondern ein Freund ist.

Sie werden aber auch vom Verhalten ihrer Mutter geprägt. Eine ängstliche, scheue Mutter, die sich vor Menschen fürchtet, beeinflusst das Verhalten ihrer Nachkommen entsprechend. In der Prägungsphase ist es besonders wichtig, dass die Kaninchen viele gute Erfahrungen machen, um nicht zu scheuen, kleinen Angsthäschen zu werden. Sie brauchen viel menschliche Zuwendung und sollten möglichst mit vielen verschiedenen Personen und anderen Tieren Kontakt haben. Werden sie in dieser Phase nur von Frauen oder Kindern betreut, können sie eine Abneigung gegen Männer entwickeln, weil sie keine Erfahrungen mit männlichen Individuen sammeln konnten. Genauso verhält es sich mit anderen Tieren wie Meerschweinchen, Katzen oder Hunden.

Wie ALT und SCHWER werden Kaninchen?

Lebenserwartung	6–8 Jahre
Geschlechtsreife	22–52 Wochen
Gewicht	1–3 kg
Tragzeit	30–33 Tage
Wurfgröße	3–8 Junge
Säugezeit	ca. 6 Wochen

Natürliche Lebensweise

Wie geht es bei WILDKANINCHEN zu?

Kaninchen leben nicht allein, sondern in Rudeln oder Gruppen. In freier Natur können sich bis zu 50 Kaninchen einen Bau teilen. Innerhalb des Rudels gibt es kleinere Gruppen, die aus meist verwandten Tieren bestehen. Die Zahl der weiblichen Kaninchen überwiegt die der männlichen. Die Rangordnung unter den männlichen Tieren ist streng geregelt. Der Anführer ist meist der größte, älteste und schwerste Rammler. Die männlichen Nachkommen bleiben entweder im Bau und unterwerfen sich der Hierarchie oder werden zu so genannten „Satelliten". Sie müssen den Bau verlassen und leben einige Zeit an der Erdoberfläche. Unter Büschen und Sträuchern suchen sie Schutz und können dann zur Paarungszeit Aufnahme in einem neuen Bau finden (schlau geregelt von den Kaninchen, um Inzucht zu vermeiden) oder sie werben einige Häsinnen ab und suchen eine geeignete Stelle für einen neuen Bau. Da die weiblichen Tiere in einem Bau meist miteinander verwandt sind, ist ihr Verhältnis entspannter und freundschaftlicher als das der Rammler, was sich zur Paarungszeit jedoch schlagartig ändern kann.

Warum sind Kaninchen wahre MEISTERARCHITEKTEN?

Kaninchen vollbringen mit ihren komplizierten Tunnel- und Höhlenanlagen architektonische Meisterleistungen. Ein Kaninchenbau kann ein Gebiet von bis zu 100 qm umfassen. Es wird an mehreren Stellen gleichzeitig gegraben und trotzdem treffen sich die Tunnel. Kaninchen scheinen einen geografischen Plan vor Augen zu haben, wenn sie einen Bau anlegen oder erweitern.

Wie vermeiden Kaninchen TUNNELSTAUS?

Alle Kaninchen graben gerne. In der freien Natur tun sie dies hauptsächlich, um Tunnel- und Röhrensysteme anzulegen und zu erweitern. Sie lockern mit ihren Vorderpfoten die Erde auf und scharren sie mit ihren Hinterbeinen weg. Die Tunnelsysteme sind gewöhnlich sehr schmal, so dass nur ein Kaninchen durch die Röhre passt. Damit es nicht zu Staus und Verkehrsunfällen kommt, bauen die Kaninchen Ausweichplätze in die Röhren ein, ähnlich einer Nothaltebucht auf der Autobahn. Diese Nothaltebuchten sind breiter als die normale Röhre und ermöglichen den Kaninchen sich auszuweichen oder zu überholen.

Warum haben Kaninchen verschiedene EINGÄNGE?

Das Röhrensystem der Kaninchen hat verschiedene Sorten von Eingängen, ähnlich der Haustür und der Hintertür bei einem Haus. Die normalen „Haustüren" sind Eingänge, die immer benutzt werden. Die Röhre dieses Eingangs fällt sanft ab und ist meist durch einen Erdhaufen neben dem Eingang gekennzeichnet, ähnlich einer Fußmatte an der Haustür.

Die Notausgänge oder Hintertüren besitzen keinen charakteristischen Erdhaufen und sind meist unter Büschen oder Sträuchern versteckt. Sie werden von den Kaninchen nur in Notfällen benutzt, wenn sie sich schnell vor Feinden verstecken müssen. Außerdem fallen sie fast senkrecht zur Erdoberfläche ab: Für die Kaninchen kein Problem, sich schnell in so einen Eingang plumpsen zu lassen, aber für ihre Feinde. Zudem sind die Kaninchentunnel recht eng und gewunden, um eindringende Feinde wie Wiesel oder kleine Hunde zu verwirren.

Gibt es auch Kaninchen-KINDERZIMMER?

Einige Tunnel enden blind in einem großen Raum oder einer Höhle. Das sind die Wohnzimmer der Kaninchen. Hier liegen sie zusammen, putzen und lecken sich oder verdauen ihren Blinddarmkot. Einige dieser Wohnzimmer sind zu Nestern umfunktioniert – sozusagen Kinderzimmer – wo die kleinen Kaninchen geboren, aufgezogen und von ihrer Mutter gesäugt werden. Diese Nester inmitten der normalen Bauanlage sind den dominanten Häsinnen vorbehalten. Mit ihren Duftdrüsen markieren sie den Zugang ihrer Nestern. Dies ähnelt einem Schloss an der nicht vorhandenen Tür und macht allen anderen unmissverständlich klar: Bis hier und nicht weiter.

Kaninchenmütter, die in der Hierarchie weiter unten stehen, bauen manchmal Nester, die nicht mit dem Höhlensystem des Hauptbaus verbunden sind. Diese Nester haben keine Hintertür. Erstens macht dies die Arbeit für die Mama leichter und zweitens hindert es auch die Babys daran, in dem komplizierten Tunnel- und Höhlensystem eines Kaninchenbaus verloren zu gehen.

DUFTE NACHRICHTEN: Warum ist der Geruch so wichtig?

Kaninchen verständigen sich untereinander hauptsächlich durch Gerüche. Sie haben verschiedene Duftdrüsen unter dem Kinn, am After und an der Leiste. Das Sekret dieser Drüsen kennzeichnet sie einerseits als unverwechselbare Individuen, andererseits markieren sie damit ihr Revier und andere Kaninchen (oder Menschen), um klarzustellen, dass sie zur Familie gehören. Treffen sich zwei Kaninchen, beschnuppern sie sich oft gegenseitig am Po. Der Geruch der Anal- und Leistendrüsen ist so etwas wie die „Kaninchenvisitenkarte" oder der „Kaninchenpersonalausweis".

Können Kaninchen miteinander SPRECHEN?

Da Kaninchen Beutetiere sind, vermeiden sie allzu viele Geräusche, um nicht Feinde auf sich aufmerksam zu machen. Kaninchen können trotzdem verschiedene Laute von sich geben:

Gurren: klingt wie das Schnurren einer Katze, zeigt Wohlbefinden

Fiepen: Ruf der Jungen nach der Mutter

Fauchen: Vorsicht! Äußerst gereiztes Kaninchen! Dient auch zur Warnung der anderen Kaninchen vor Gefahr.

Schreien: Kaninchen können laut schreien. Höchste Gefahr in Verzug! Geschrieen wird bei Gefahr und in Todesangst.

Trommeln: Beide Hinterläufe trommeln schnell und rhythmisch auf den Boden. Gefahr in Verzug! Dient als Warnung für andere Rudelmitglieder

Zähneknirschen: kann ein Warnzeichen sein, wenn ein Kaninchen in Ruhe gelassen werden will, kann aber auch Ausdruck von Schmerzen sein

Zähnemahlen oder vor sich hin mümmeln: Dabei liegen die Kaninchen meist entspannt auf der Seite. Dies ist ein Zeichen des Wohlbefindens und leiser als das Zähneknirschen.

KÖRPERSPRACHE: Entspannt, ängstlich oder schlecht gelaunt?

Kaninchen verständigen sich auch durch Körpersprache. Indem sie verschiedene Körperhaltungen einnehmen, kann das Gegenüber ablesen, wie sich das Kaninchen momentan fühlt. Die Körpersprache spielt im Kaninchenleben allerdings nur eine untergeordnete Rolle, da die Kaninchen, wie bereits erwähnt, einen Großteil des Tages in ihrem dunklen Bau verbringen und sich eher über Geruch als durch Sicht verständigen.

Man kann jedoch anhand der Körperhaltung und vor allem an der Ohrenstellung unterscheiden, ob das Kaninchen entspannt, ängstlich, unterwürfig, aggressiv oder zufrieden ist.

Ein entspanntes Kaninchen liegt entweder auf der Seite oder auf dem Bauch und streckt dabei die Hinterbeine der Länge nach aus. Es kann auch auf der Brust liegen, den Kopf zwischen oder auf den Vorderpfötchen und zufrieden vor sich hin dösen. Die Ohren hängen dabei entspannt zur Seite oder liegen am Kopf an.

Ein unterwürfiges Kaninchen versucht sich möglichst klein zu machen. Der Augenkontakt mit dem dominanten Tier wird vermieden, der Kopf ist gesenkt und die Ohren sind dicht an den Kopf gepresst. Eine ähnliche Körperhaltung nimmt das Kaninchen ein, wenn es sich fürchtet, allerdings mit dem Unterschied, dass bei einem ängstlichen Kaninchen die Gesichtsmuskeln stark angespannt sind. So entsteht der Eindruck, dass dem armen Kerl gleich die Augen aus dem Kopf fallen. Dabei wir der Körper flach auf den Boden gedrückt und die Ohren werden so flach am Kopf angelegt, dass sie fast gar nicht mehr zu sehen sind.

Kaninchen schütteln den Kopf, wenn sie mit etwas nicht einverstanden sind, genau wie wir. Meist tun sie das, wenn sie etwas Unangenehmes riechen oder schmecken, um den Geruch von ihren Schleimhäuten zu entfernen – er wird sozusagen abgeschüttelt. Manchmal trommeln sie anschließend mit den Hinterläufen, um den Rest des Rudels vor diesem seltsamen und vielleicht auch gefährlichen Geruch oder Geschmack zu warnen – als Kaninchen kann man schließlich nicht vorsichtig genug sein.

Ein wirklich erschrockenes Kaninchen tritt sofort den Rückzug an und hoppelt so schnell es kann in den sicheren Bau. Dabei werden die Hinterbeine angehoben, so dass die anderen Kaninchen die helle Unterseite der Beine und des Schwanzes sehen können. In der Dämmerung leuchtet das Weiße wie eine Warnblinkanlage und signalisiert: Achtung! Gefahr!

Wie VERBRINGEN Kaninchen ihren TAG?

Da Kaninchen kleine Angsthasen sind – denn sie sind als Beutetiere vor allem Gefahren ausgesetzt, die sich über ihrem Kopf befinden – lieben sie es, sich in Höhlen unter Büschen, Sträuchern und in Ermangelung dieser natürlich unter dem Sofa, dem Bett oder dem Couchtisch zu verstecken. Dort warten sie, bis die Luft rein ist, und erkunden dann vorsichtig die Umgebung. Dabei haben sie ihren möglichen Zufluchtsort immer vor Augen. Kaninchen sind dämmerungsaktive Tiere, das heißt, dass sie tagsüber dösen oder schlafen.

Wie REINIGT man so lange Löffel?

Kaninchen sind saubere Tiere, die, wie Forscher herausgefunden haben, ungefähr 16 % ihrer Zeit mit dem Putzen verbringen. Im Bau betreiben sie gegenseitig Fellpflege, sie putzen und lecken sich. Das dient nicht nur der Körperpflege sondern stärkt auch die familiären Bindungen der Kaninchen untereinander. Es ist amüsant zu beobachten, wie sich Kaninchen putzen. Sie machen Männchen und säubern – ähnlich wie eine Katze – mit ihren

Vorderpfötchen Kopf und Ohren. Dabei werden die Ohrlappen von den Vorderpfoten nach vorne gestrichen, um sie möglichst gut zu reinigen. Sie beknabbern auch ihren Bauch, ihre Hinterbeine, ihren Rücken und ihre Analregion genüsslich, um loses Fell, Verkrustungen und Verschmutzungen zu entfernen. Um den Rücken und die Region hinter den Ohren zu erreichen, kratzen sich Kaninchen mit den Hinterbeinen. Besonders niedlich sehen dabei junge Kaninchen aus, die manchmal noch etwas Schwierigkeiten mit der Koordination haben und dabei das Gleichgewicht verlieren oder einfach in der Luft kratzen. Auch Körperpflege will erlernt sein!

Besonders wichtig für die Kaninchen ist die Reinigung ihrer Analregion. Hier können Kotkügelchen mit Sekret aus den Perianal- und Analdrüsen mit dem Fell verkleben. Diese Verklebungen verhindern, dass die Kaninchen ihren weichen Blinddarmkot aufnehmen können, um ihn nochmals zu verdauen. Das kann zu massiven gesundheitlichen Beeinträchtigungen führen. Deswegen ist es wichtig darauf zu achten, dass der Po des Kaninchens sauber ist. Viele Kaninchen sind übergewichtig und kommen aufgrund ihrer Leibesfülle einfach nicht mehr an ihre Analregion. Diesen Tieren müssen wir als verantwortungsvolle Besitzer helfen, indem wir die Haare kürzen und Verkrustungen vorsichtig entfernen. Man kann versuchen, die Verklebungen vorsichtig abzuzupfen oder mittels eines Sitzbades aufzuweichen, was von den Kaninchen meist nicht besonders begeistert erwidert wird.

Kaninchen putzen sich auch gegenseitig. Dabei liegen sie eng aneinander gekuschelt und lecken sich über das Fell und beknabbern das andere Kaninchen. Dies dient zum einem dazu, Regionen zu säubern, an die das Kaninchen selbst nur schwer herankommt, stärkt aber auch die sozialen Bindungen unter den Kaninchen. Abgesehen von den nützlichen Aspekten ist es angenehm, ähnlich einer Massage. Es senkt die Herzfrequenz und baut Stresshormone ab.

Haarige Zeiten: Warum WECHSELN Kaninchen ihr Fell?

Die wilden Kaninchen haben eine dichte weiche Unterwolle, die von härteren Grannenhaaren bedeckt ist. Sie wechseln ihr Fell, um sich gegen Witterungseinflüsse zu wappnen. Der Fellwechsel beginnt ungefähr im März und dauert bis Oktober. Dann haben die Kaninchen einen dichten Winterpelz, der wärmt und gegen Kälte isoliert. Auch unsere Hauskaninchen machen diesen Fellwechsel durch. Das erklärt, warum viele Besitzer den Eindruck haben, ihr Kaninchen haare das ganze Jahr über.

Um dem Haarproblem abzuhelfen, ist es ratsam, den kleinen Hoppler regelmäßig zu bürsten. Dazu benutzt man am besten eine weiche Tierbürste. Das ist für die Tiere sehr angenehm, denn sanftes Bürsten ist gleichzeitig wie Massage und imitiert das gegenseitige Lecken. Es stärkt die soziale Bindung zwischen uns und unseren Kaninchen. Das Bürsten hat aber noch einen anderen Effekt. Da die meisten in unserer Obhut gehaltenen Kaninchen das ganze Jahr über ziemlich stark haaren, nehmen sie bei der Fellpflege ziemlich viele Haare mit der Zunge auf. Die Haare werden abgeschluckt und gelangen in den Magen. Kaninchen können nicht erbrechen, weil ihr Mageneingang nur ein „Ventil" nach unten besitzt. Alles, was in den Magen gelangt, kann nur noch über den Darm ausgeschieden werden. In den meisten Fällen passiert das auch mit den Haaren, aber manchmal verfilzen sie im Magen zu einer richtigen Fellkugel, die Trichobezoar genannt wird. Die Fellkugel liegt dann als Fremdkörper im Magen und verursacht erhebliche Verdauungsstörungen. Diese Erkrankungen kommen sehr häufig vor und müssen mit verdauungsfördernden Medikamenten behandelt werden. Teilweise ist sogar eine Operation erforderlich. Die Therapie ist schwierig und endet oftmals mit dem Tod.

DÄMMERLEBEN: Warum toben Kaninchen im Dunkeln?

Wenn es dämmerig wird, verlassen die Kaninchen ihren Bau, um zu fressen und ihr Revier zu markieren. Die kleinen Kaninchen spielen ausgelassen in der Dämmerung. Im Zwielicht haben Kaninchen gegenüber ihren Feinden, den Raubvögeln, einen klaren Vorteil. Diese jagen auf Sicht und Gehör. Das heißt, dass sie in der Dämmerung schlechter sehen und die Kaninchen ihnen leichter entkommen können. Sinn und Zweck des Kaninchenlebens ist nicht etwa das schönste Fell oder die üppigste Wamme (Hautfalte am Hals, vor allem bei weiblichen Tieren) zu haben, sondern beschränkt sich darauf, zu überleben und sich fortzupflanzen.

Wie ERNÄHREN sich Kaninchen?

Die Nahrungsaufnahme nimmt einen wichtigen Platz im Kaninchenleben ein. Kaninchen beschäftigen sich in ihren aktiven Stunden – der Morgen- und Abenddämmerung – hauptsächlich mit der Nahrungsaufnahme. Das kennzeichnet alle Pflanzenfresser, die große Nahrungsmengen zu sich nehmen müssen, um aus dem Gras und den Kräutern möglichst viele Inhaltsstoffe zu verwerten. Dabei müssen wir uns immer vor Augen halten, dass Kaninchen eigentlich in Gebieten beheimatet sind, wo gutes Futter knapp ist und sie auch mit minderwertigem, nährstoffarmen Gras und Kräutern auskommen müssen. Deshalb werden Kaninchen in Menschenobhut oft zu dick, denn das Nahrungsangebot ist reichlich und das Kaninchen bekommt es direkt vor der Nase serviert.

In der Natur besteht das Kaninchenfutter, nämlich Gras und Kräuter, zu 20–25 % aus Fasern, zu 15 % aus Eiweiß und zu 3 % aus Fett. Das kommerziell angebotene Kaninchenmüsli oder Pelletfutter hat meistens einen zu geringen Faseranteil und dafür einen zu hohen

Anteil an Eiweiß, Fett und Kalorien, d.h. das Futter ist eigentlich zu hochwertig für unsere Kaninchen, die normalerweise mit magerem, faserreichen Futter auskommen müssen. Den hohen Faseranteil in der Nahrung brauchen Kaninchen zum einen für die Abnutzung ihrer stetig nachwachsenden Zähne, zum anderen stimuliert er auch die Verdauung. Durch das Fertigfutter werden die Ernährungsbedürfnisse der Kaninchen sehr schnell befriedigt, sie kauen nicht mehr genug und essen zu viel, da sie über den Tag oder die Nacht verteilt bis zu 100 kleine Mahlzeiten zu sich nehmen. Durch die hochwertige Fertigkost verweilt der Darminhalt zu lange im Darm, was zu Verdauungsstörungen wie Durchfällen führen kann. Außerdem kann das schnelle Sattmachen zu Verhaltensstörungen führen. Die Tiere beschäftigen sich nicht mehr hauptsächlich mit der Nahrungsaufnahme, da sie satt sind, und fangen an, Teppichfransen, Steine, Linoleum oder ähnlich schwer verdauliches zu futtern. Außerdem können sie vor lauter Langeweile aggressiv werden. Es ist aber nicht so, dass Kaninchen schmackhaftes, dick machendes Futter nicht zu schätzen wissen. Genau wie viele Kinder lieber Hamburger und Chips anstatt gesundes Gemüse essen, futtern Kaninchen gerne Fertigfutter und fressen dabei häufig die Körneranteile, die am dicksten machen. Diese heiß geliebten „Kaninchenhamburger" sind nicht nur ungesund, sie enthalten zudem zu wenig Calcium, was wiederum zu Knochenschäden führen kann.
Das beste Kaninchenfutter ist Gras und Heu. Zusätzlich etwas Kaninchenmüsli, dessen Faseranteil jedoch ungefähr 15 % betragen sollte.

Knabbern, stopfen, zickzack-grasen: Wie ESSEN Kaninchen?

Kaninchen grasen auf verschiedene Arten. Zum einen können sie knabbern. Das tun sie nebenher: Während sie die Umgebung beobachten, knabbern sie hier und dort ein Hälmchen, so wie wir eine Tüte Chips vor dem Fernseher verspeisen, allerdings mit anderen Folgen. Zwischen den einzelnen Bissen halten sie immer wieder kurz inne und machen vielleicht Männchen, um ihre Umgebung zu beobachten. Zum anderen gibt es das intensive Grasen. Hierbei folgen die Kaninchen regelrechten Pfaden oder Schneisen, die von anderen Kaninchen geruchlich markiert worden sind. Auf diesen Pfaden nehmen sie gierig und relativ wahllos alles zu sich, was ihnen vor die Zähne kommt. Meist sind die Kaninchen sehr hungrig und wollen sich so schnell wie möglich das Bäuchlein füllen, um dann schnellstmöglich wieder in ihren Bau zurückzukehren.

Schließlich gibt es noch das Zick-Zack-Grasen, das wir von unseren Kaninchen kennen. Dabei hoppeln die Tiere gemütlich im Zick-Zack hin und her und suchen die schmackhaftesten Gräser und Kräuter aus. Kaninchen, die in Gefangenschaft leben, tun dies am häufigsten, denn sie sind relativ entspannt, können sich genussvoll der Nahrungsaufnahme widmen und müssen sich nicht so sehr vor Feinden fürchten.

Gräser, Wurzeln und Gemüse: Was ist Kaninchens LEIBGERICHT?

Kaninchen ernähren sich von Gras, Pflanzen, Wurzeln, Knospen aber natürlich auch von Obst und Gemüse. Sie sind reine Vegetarier und richten in der Landwirtschaft ziemlich viel Schaden an, weswegen sie nicht überall willkommen sind.

Das Gras ist das Brot des Kaninchens, das heißt, dass sich Kaninchen hauptsächlich von Gras bzw. Heu ernähren. Wenn man bedenkt, dass ein so großes Tier wie ein Pferd im Sommer allein mit Gras über die Runden kommt und dabei auf einer guten Weide auch noch dick

wird, so wird es leichter verständlich, dass auch ein Kaninchen ausschließlich von Gras leben kann.

Obst und Gemüse, Heu, Gras, Kräuter, Baumrinde zum Nagen, Knäckebrot und Zwieback sowie ein bis zwei Esslöffel Fertigfutter pro Tag pro Kaninchen sind völlig ausreichend, um unseren kleinen Hoppler gesund zu erhalten.

Warum „RECYCLEN" Kaninchen ihr Futter?

Da Kaninchen aus den in der Natur vorkommenden Gräsern und Pflanzen möglichst viele Inhaltsstoffe für sich verwerten müssen, haben sie sozusagen ein Futterrecycling-System entwickelt, das uns absonderlich, wenn nicht gar eklig vorkommt.

Sie fressen ihren eigenen Kot, vor allem den Kot, der im Blinddarm produziert und meist tagsüber ausgeschieden wird. Diese Kotkügelchen sind kleiner und klebriger als der normale Kaninchenkot. Das ist nicht etwa eklig, sondern bewahrt die Kaninchen vor einem Vitamin B-Mangel. Dieser tagsüber produzierte Blinddarmkot kann von den Kaninchen in ihrem Bau aufgenommen werden und ermöglicht ihnen die Verdauungsarbeit in ihren Ruhestunden zu vollenden, ohne den Bau mit Kot zu verschmutzen. Die kleinen klebrigen Kotkügelchen werden von den Kaninchen meist direkt vom After aufgenommen und geschluckt. Das ist eine etwas andere Art des Futter Widerkauens, wie wir es von Wiederkäuern, nämlich Kühen, Schafen und Ziegen, kennen.

Warum liegen die TOILETTENPLÄTZE direkt neben dem Eingang?

Kaninchen sind bodenständige, konservative Tiere, richtige Landmenschen eben. Sie ziehen nicht gern um und verlassen ihr Territorium nur, wenn es unbedingt sein muss.

Kaninchen leben in einem festgelegten Territorium, das ihnen Schutz und Sicherheit bietet. Dieses Territorium kennzeichnen sie gegenüber anderen Kaninchen oder Eindringlingen durch Markierungen, ähnlich wie wir unsere Grundstücksgrenzen mit einem Zaun oder einer Hecke abstecken.

Diese Markierungen bestehen meist aus erhöht gelegenen Kothaufen. Kaninchen verwenden also anstelle eines Zauns so genannte Toilettenplätze, um ihr Grundstück abzustecken. Diese Toilettenplätze können erhebliche Ausmaße annehmen, je nachdem, wie viele Kaninchen einen Bau bewohnen. Schon allein der Anblick ist beeindruckend. Außerdem sagen die im Kot enthaltenen Drüsensekrete ei-

nem Neuankömmling deutlich, wer hier der Chef im Revier ist. Neben den Kotmarkierungen wird das Territorium von verschiedenen Bewohnern durch ihre Duftdrüsen gekennzeichnet. Die dominanten Tiere markieren dabei häufiger als die in der Hierarchie weiter unten stehenden. Sie sind auch öfter damit beschäftigt, den Geruch eines Konkurrenten schnellst möglich zu überdecken. Bei manchen Rammlern entsteht der Eindruck, dass sie in Stress geraten, weil sei ständig den Duft der verschiedenen Markierungen kontrollieren und überdecken müssen.

Alles BÖSE kommt von oben: Wer will an Kaninchens Pelz?

Kaninchen fürchten sich vor allem, was von oben kommt. Das ist ganz sinnvoll, denn ihre natürlichen Feinde, zu denen auch Greifvögel, Füchse, Marder und in weniger ländlichen Gebieten durchaus auch Katzen und Hunde gehören, kommen von oben, weil sie größer sind oder über den Kaninchenköpfen fliegen. Auch wenn es Sie erstaunt: Wir Menschen zählen ebenfalls zu Kaninchens Feinden. Auch wenn wir Kaninchen über alles lieben, passen wir Menschen in das Schema der Beutegreifer, die von oben kommen und die Kaninchen packen.
Selbst in ihrem Bau sind sie nicht vor Feinden sicher. Füchse, Dachse, Hermeline und Wiesel graben die Kaninchenbauten auf, um an die Nester mit den Neugeborenen zu gelangen. Wiesel und Hermeline sind wahrscheinlich die schlimmsten Feinde der Kaninchen. Sie sind klein genug, um in die Tunnel zu gelangen. Als marodierende Familienbanden fallen sie in Kaninchenbauten ein, um den Kaninchen den Garaus zu machen. Einige Tiere dringen in den Bau ein, um die verschreckten Kaninchen an die Erdoberfläche zu treiben, wo sie von den anderen Mitgliedern der Gruppe erwartet werden. Dann können die Kaninchen nur noch die Pfoten in die Hand nehmen und ihr Heil in der Flucht suchen.

Dämmern, Dackel, Donnerbüchse: Wie JAGEN Jäger?

Schließlich werden Kaninchen auch bejagt. Kleine Hunde dringen problemlos in einen Kaninchenbau ein und treiben die Kaninchen an die Erdoberfläche, wo die Jäger mit schussbereiten Gewehren auf sie warten. Es gibt eine Dackelrasse, die sich Kaninchenteckel nennt. Diese Dackel sind besonders klein und passen mit ihrer schlanken, langen Gestalt gut in eine Kaninchenröhre.

Was haben PFERDE und Kaninchen gemeinsam?

Da Kaninchen Beutetiere und keine Beutejäger sind, fällt es uns viel schwerer, mit ihnen zu kommunizieren. Der Mensch ist ein Jäger, ein Aggressor also. Wir verstehen andere Jäger wie Hunde und Katzen besser, weil wir uns leichter in ihr Verhalten hineindenken können, ohne lange zu überlegen. Bei Kaninchen fällt uns dies viel schwerer, weil das Kaninchen als Beutetier eine ganz andere Sichtweise von der Welt hat und sein Verhalten in bestimmten Situationen komplett von unserem Verhalten abweicht. Diejenigen, die Pferde halten oder sich mit der Psyche eines Pferdes beschäftigt haben, werden feststellen, dass Kaninchen und Pferde viel gemeinsam haben: Sie sind Beutetiere, haben einen ähnlichen Verdauungstrakt, leben in einer Herde, ihre Zähne wachsen nach und sie fressen Gras. Natürlich gibt es Größenunterschiede, obwohl das Urpferd auch nicht viel größer als ein Kaninchen gewesen ist. Pferde werden schon viel länger domestiziert als Kaninchen. Pferde bauen auch keine Höhlen und bekommen meist nur ein Kind pro Saison. Sie können bei Gefahr jedoch auch blitzartig davonrennen – bloß Haken schlagen können sie nicht.

PLUMPS-TAKTIK: Wie schützen sich Kaninchen vor ihren Feinden?

Kaninchen sind im wahrsten Sinne des Wortes Angsthasen. Sie ergreifen lieber die Flucht, als sich einem Kampf zu stellen. Deshalb halten sie sich immer in der Nähe eines sicheren Verstecks, nämlich eines Eingangs ihres Baus, auf. Durch die Noteingänge können sie schnell in ihren Bauten verschwinden, indem Sie sich einfach in einen Noteingang plumpsen lassen. Das hat ihnen in vielen Kulturen den Ruf eingebracht, magische Wesen zu sein, die plötzlich auftauchen und ebenso schnell wieder verschwinden können.

FLINKE BEINE: Wer gewinnt den Dauerlauf?

Im Zweifelsfall suchen sie ihr Heil in der Flucht. Jeder, der schon mal versucht hat, sein Kaninchen in der Wohnung zu fangen, weiß, wie schnell und wendig Kaninchen sind. Kaninchen können sehr schnell rennen. Ihre Körperform ist außerordentlich aerodynamisch. Außerdem können sie mit ihren kräftigen Hinterläufen sehr plötzlich die Richtung ändern, eine Fähigkeit, die ihren Verfolgern versagt ist. Die meisten Hunde, Dachse, Füchse etc. haben gegen ein flüchtendes Kaninchen keine Chance und wenn sich ein Kaninchen zum Laufen entschlossen hat, geben die meisten Jäger schnell wieder auf. Der Nachteil ist, dass sich das Kaninchen aus seinem sicheren Territorium entfernt und nach der Verfolgungsjagd wieder in die Heimatgefilde zurückkehren muss.

Kratzen, treten, boxen, beißen: Warum sind Kaninchen unangenehme GEGNER?

Wenn es sich nicht vermeiden lässt, stellen sich Kaninchen dem Kampf und werden zu ernst zu nehmenden Gegnern. Wenn man bedenkt, dass ihre scharfen Schneidezähne ohne weiteres Äste durchbeißen können, kann man sich leicht vorstellen, dass Kaninchenbisse äußerst schmerzhaft sein können.

Kaninchen kämpfen aber nur, wenn es sich wirklich lohnt. Sie verteidigen gutes Futter gegenüber anderen Kaninchen, Rammler kämpfen um die Vormachtsstellung im Bau und Häsinnen um einen hervorragenden Nestbauplatz. Sie boxen mit ihren Vorderfüßen, hauen ihre scharfen Schneidezähne in das Fell des Gegners und verpassen ihm mit ihren muskulösen Hinterbeinen heftige Tritte. Ihre scharfen Zähne können beim Gegner blutende Wunden hinterlassen, aus denen sich unangenehme Abszesse entwickeln können. Deshalb sollten Bisswunden immer sorgfältig desinfiziert werden.

Außerdem haben sie scharfe Krallen, die für einen Gegner äußerst unangenehm werden können. Mit diesen scharfen Krallen können sie einem Gegner sogar den Bauch aufschlitzen, denn sie sind gebogen und wirken wie kleine Dolche.

Kaninchenhaltung

Warum mögen Kaninchen „Kingsize"-HEIME?

Die Lebensweise von unseren Hauskaninchen unterscheidet sich zwangsläufig sehr von der ihrer in freier Natur lebenden Artgenossen. Trotzdem bleibt ein Kaninchen ein Kaninchen und hat dieselben Bedürfnisse wie seine wilden Verwandten.

Die meisten Kaninchen werden in einem Käfig in der Wohnung gehalten und dürfen dann entweder ständig oder stundenweise in der Wohnung, auf dem Balkon oder im Garten hoppeln. Kaninchen brauchen Platz und Bewegung. Deshalb sollte ein Kaninchenkäfig mindestens so groß sein, dass es einen Hoppelsprung darin machen kann. Generell gilt: Je größer der Käfig desto besser, denn wir müssen daran denken, dass ein Wohnungskaninchen die längste Zeit seines Lebens im Käfig lebt und sich auch innerhalb seines Zuhauses bewegen sollte.

Warum brauchen auch Kaninchen HÄUSER?

Ein Häuschen ist unbedingt notwendig, damit sich das Kaninchen darin verstecken und schlafen kann. Es ist sozusagen ein Höhlenersatz. Am besten geeignet sind Holzhäuschen, die so groß sein müssen, dass sich das Kaninchen darin ausstrecken kann. Diese Holzhäuschen können gefahrlos benagt werden und die Luft kann gut zirkulieren, was bei Plastikbehausungen nicht der Fall ist. Es muss aber nicht unbedingt ein Häuschen sein. Ein ausgehöhlter Baumstamm oder ein umgedrehter Tonblumentopf, aus dem man einen Eingang herausgeschnitten hat, tun es auch.

Hop in: SELBSTBEDIENUNG für Kaninchen?

Das Heu sollte in einer Heuraufe angeboten werden, damit es nicht im Käfig herumliegt und verschmutzt. Weiterhin braucht die Kaninchenwohnung eine Trinkflasche. Die meisten Tiere sind mit den Nippeltrinkflaschen vertraut, weil sie den Gebrauch schon beim Züchter gelernt haben. Für das Futter eignet sich am besten eine kleine Keramikschale. Sie kann leicht gereinigt werden und wird von den kleinen Nagern nicht angefressen.

Können Kaninchen das ganze Jahr über im FREIEN leben?

Am tiergerechtesten ist die Kaninchenhaltung im Freien und zwar in einem Auslauf mit einem warmen Schlafhäuschen. Das hat jedoch den Nachteil, dass wir unseren Hoppler nicht so häufig zu Gesicht bekommen. Im Sommer ist es noch ganz angenehm, mit dem Kaninchen einige Zeit im Auslauf zu verbringen. Was aber im Herbst und Winter, wenn es den ganzen Tag grau ist, regnet und die Temperaturen auch nicht gerade zum Draußen-Verweilen einladen?
Auch wenn viele das Gegenteil behaupten: Ein Kaninchen kann ganzjährig im Freien leben. Allerdings muss es bereits im Frühjahr an das draußen leben gewöhnt werden. Wir alle wissen, wie kuschelig weich und warm ein Kaninchenpelz ist. Schließlich gibt es Kaninchenfelljacken, -handschuhe und -mützen bereits so lange, wie es Hauskaninchen gibt, obwohl wir so etwas als Kaninchenliebhaber natürlich niemals anziehen würden!
Kaninchen hoppeln ausgesprochen gerne im Schnee umher und graben darunter liegende Gräser und Knospen frei, die sie fröhlich mümmeln. Die trockene Heizungsluft in den Wohnräumen kann auch beim Kaninchen für trockene Schreimhäute sorgen.

GESELLSCHAFTSTIER
Kaninchen: Couchpotato oder Spiel-Freak? Wenn wir also ein echtes Familienmitglied wollen, sollten wir das Kaninchen in der Wohnung halten, damit es uns Gesellschaft leisten kann. Manche Kaninchen sitzen auf dem Sofa, sehen uns beim Fernsehen zu und manche schlafen sogar mit ihren Besitzern im Bett. Treten wir an ihren Käfig, begrüßen sie uns, in dem sie Männchen machen und freuen sich auf eine gemeinsame Spielstunde.

Beste WOHNLAGE: Warum sollte das Kaninchenheim erhöht stehen?
Obwohl es allgemein empfohlen wird, den Kaninchenkäfig auf den Boden zu stellen, wäre es eigentlich kaninchengerechter, einen erhöhten Standort zu finden. Wie schon gesagt, haben Kaninchen Angst vor allem, was von oben kommt und ihnen würde dadurch die Angst ein wenig genommen, wenn sie mit uns auf gleicher Höhe sind.

Ist dies aus Platzgründen nicht möglich, sollte der Kaninchenkäfig in einer ruhigen Ecke stehen. Es sollte nicht zu viel Verkehr vor und um den Käfig herrschen.

EXPERIMENT: Wie nehmen Kaninchen die Wohnung wahr?

Unsere Wohnungskaninchen laufen zwar nicht Gefahr, von einem Raubvogel gefressen zu werden, doch dafür lauern andere Gefahren. Bevor wir den kleinen Hoppler frei laufen lassen, sollten wir unsere Wohnung mit Kaninchenaugen betrachten. Dazu kann es ganz nützlich sein, sich auf den Boden zu legen und sich die Welt von unten anzusehen, sozusagen aus Kaninchenperspektive. Dazu sollten wir die Augen zusammenkneifen, damit wir weniger gut sehen, die Musik leise stellen und lauschen, welche Geräuschkulisse um uns herum herrscht. Auch wenn uns das Klappern der Geschirrspülmaschine nicht beunruhigend vorkommt, für ein Kaninchen klingt es eher bedrohlich. Ein lauter Fernseher oder die auf dem Sofa dösende Katze können ebenfalls sehr beängstigend sein.

Wenn wir auf dem Boden liegen, werden wir feststellen, was es alles Interessantes in Bodenhöhe gibt. Stromkabel, Zeitungen unter dem Sofa, Hausschuhe, Zierleisten von Teppichböden, Steckdosen, Blumenkübel, Teppiche mit leckeren Fransen und dergleichen mehr. Da Kaninchen neugierig sind und schlecht sehen, untersuchen sie viele Dinge mit den Zähnen. Das heißt, dass sie neue Dinge benagen, um auszuprobieren, ob man sie eventuell essen oder sonstiges damit anstellen kann. Der Verzehr eines Stromkabels hat unangenehme Folgen und auch Teppichfransen, in großen Mengen genossen, führen zu heftigen Verdauungsstörungen. Deshalb sollten wir versuchen, unsere Wohnung kaninchensicher zu machen oder den Hoppler so weit zu überwachen, dass er keinen Unsinn anstellen kann.

Warum sollten FREIGEHEGE aus- und einbruchssicher sein?

Am besten ist es natürlich, wenn sich unser kleiner Hausgenosse stundenweise im Garten austoben kann. Hierzu eignet sich ein Auslauf, der aus Brettern und Draht zusammengebaut wird. Lässt man das Kaninchen in diesem Auslauf allein, sollte er unbedingt mit einem Häuschen und einer Machendrahtabdeckung versehen werden, um Katzen und Raubvögel davon abzuhalten, unser Kaninchen als leckeren Snack zu verspeisen. Da Kaninchen gerne graben und buddeln, passiert es schnell, dass unser Haustier seinen sicheren Auslauf durch den selbstgegrabenen Tunnel verlässt.

Wie gewöhnt man das Kaninchen an die LEINE?

In Zoogeschäften und Tierläden gibt es kleine Geschirre, mit denen man Kaninchen an der Leine führen kann. Für uns Zweibeiner ist das ganz praktisch, denn der kleine Hoppler hat so keine Chance, Haken schlagend aus dem Garten zu flüchten. Ob die Kaninchen davon so begeistert sind, wage ich zu bezweifeln. Andererseits ist Freilauf an der Leine immer noch besser als gar keine frische Luft.

Paarung und Nachwuchs

Ab wann können Kaninchen sich VERMEHREN?

Das sprichwörtliche „Vermehren wie die Karnickel" kommt nicht von ungefähr: Die Geschlechtsreife setzt mit ungefähr 3 Monaten schon relativ früh ein. Meistens werden die Häsinnen erst mit fünf Monaten trächtig. Forscher haben herausgefunden, dass die Pubertät der Kaninchen eher von der Rasse und dem Gewicht abhängt, als vom Alter. Je kleiner die Kaninchenrasse, desto früher setzt die Pubertät ein. Bei Zwergkaninchen mit ungefähr vier bis fünf Monaten, bei Stallkaninchen mit fünf bis acht Monaten. Wie beim Menschen auch werden die Mädels früher geschlechtsreif als die Jungs.

Ökonomischer EISPRUNG: Wie erhöhen Kaninchen die Chancen auf eine erfolgreiche Befruchtung?

Die Trächtigkeit beim Kaninchen dauert ungefähr 30 Tage. Anders als beim Menschen kommt es nur zum Eisprung, wenn die Häsin gedeckt wird. Ist eine Bedeckung nicht erfolgreich, kann eine so genannte Scheinträchtigkeit einsetzen, die ungefähr 16 Tage dauert. Während der Scheinträchtigkeit baut die Häsin Nester und zeigt Verhaltensweisen, die bei trächtigen Häsinnen kurz vor der Geburt vorkommen. Es ist äußerst wirtschaftlich für das Kaninchen, dass der Eisprung nur durch den Deckakt ausgelöst wird. Anstatt wertvolle Eizellen zu vergeuden, werden sie einfach vom Körper absorbiert und nicht unnötig verschwendet. Wenn wir uns vor Augen halten, dass Kaninchen mit magerem Futter auskommen müssen, ist das eine sinnvolle evolutionäre Erfindung.

Des weiteren erhöht eine „gezielte" Ovulation die Chancen auf eine Befruchtung erheblich.

Lange Tage, laue Nächte: Was bewirkt das TAGESLICHT?

Kaninchen pflanzen sich während der warmen Jahreszeit fort. Die Phase dauert von März bis September und wird von der Tageslichtlänge beeinflusst. Bei günstigen Umweltbedingungen ist die Häsin während der ganzen Saison brünstig. Sie hat dabei einen Fortpflanzungszyklus von ungefähr sieben Tagen. Auch eine bereits trächtige Häsin kann vom Verhalten her brünstig erscheinen und wird manchmal in der Mitte der Trächtigkeit erneut gedeckt. Dieser erneute Deckakt führt jedoch nicht zu einer weiteren Trächtigkeit.

KINDERSEGEN: Wie viele Würfe bekommt die Häsin?

Wenn man von einer Fortpflanzungsaison von Januar bis September ausgeht, kann eine Häsin in dieser Zeit sechs Würfe und dabei ungefähr 30 Kinder bekommen. Eine Häsin kann bereits zwölf Stunden nach der Geburt wieder gedeckt werden. In der Natur sind die Häsinnen während der Sommerzeit trächtig und säugen währenddessen den vorherigen Wurf.

Kaninchen abortieren nicht. Es werden also keine unfertigen Jungen geboren. Kommt es während der Trächtigkeit zu Problemen oder entwickeln sich die einzelnen Föten nicht richtig, werden sie absorbiert, also vom Körper aufgesogen. Das ist eine weitere Überlebensstrategie des Kaninchens. Zum einen werden keine wertvollen „Reserven" verschwendet und die Energie, die in den Föten steckt, wird der Mutter zugeführt, zum anderen könnten tote Babys oder Überreste von Aborten Feinde anlocken und das gesamte Rudel gefährden.

Wie verläuft die PAARUNG?

In vielen Fällen ist die Paarung bei Kaninchen eine kurze Angelegenheit und nach wenigen Minuten vorüber. Das liegt vielleicht auch daran, dass die Tiere im Käfig zu wenig Platz haben, um eine „Brautwerbung" durchzuführen.

Eine brünstige Häsin ist für den Rammler durch Pheromone erkennbar. Das sind Sexualgeruchsstoffe, die von ihr abgesondert und vom Rammler wahrgenommen werden.

Die Kaninchen beriechen sich zuerst am Po, um den Geruch ihrer Anal- und Perianaldrüsen aufzunehmen und sich sozusagen die Visitenkarte zu überreichen. Danach hoppelt der Rammler hinter der Häsin her und hält ungefähr fünf Meter Abstand. Langsam vermindert er den Abstand und prüft, ob sich die Häsin decken lässt. Die Häsin dreht manchmal den Spieß um und hoppelt ihrerseits dem Rammler hinterher.

Ein besonderer Liebesbeweis, der uns absonderlich vorkommt, ist das Besprühen mit Urin. Dabei nähert sich der Rammler der Häsin blitzartig, dreht sich um, hebt sein Hinterteil und bespritzt sie mit Urin, so wie wir uns mit Parfüm einsprühen. Dies dient als Kennzeichen oder quasi als Ehering, damit die anderen Rammler wissen, dass diese Frau bereits vergeben ist.

Eine deckbereite Häsin bleibt nach dem Hoppelspiel stehen, biegt ihren Rücken durch und hebt ihr Hinterteil etwas an. Der Rammler besteigt die Häsin und umklammert sie mit seinen Vorderpfoten. Nach

der erfolgreichen Bedeckung, die sehr schnell vonstatten geht, fällt der erschöpfte Rammler zur Seite und gibt ein merkwürdig grunzendes Geräusch von sich.

Wie BAUT die Häsin ihr NEST?

Eine Kaninchenschwangerschaft dauert ungefähr 30 Tage. Dabei kommen je nach Rasse vier bis fünf Kinder zur Welt. Bei der ersten Schwangerschaft sind es meist weniger und die Zahl der Kinder nimmt bei den nachfolgenden Trächtigkeiten zu.

Zwei Wochen vor der Geburt beginnt die Mutter mit dem Nestbau. In der Natur erweitert sie dafür eine bereits vorhandene Höhle oder gräbt einen neuen Tunnel mit „Kinderzimmer". Auch bei unseren Hauskaninchen können wir beobachten, dass die Häsin vermehrt in ihrem Käfig herumgräbt.

Die werdende Mutter kann ihr Verhalten gegenüber anderen Familienmitgliedern ändern. Sie mag es jetzt nicht mehr so gerne, wenn wir sie aus dem Käfig holen oder wenn wir ihn reinigen. Schließlich hat sie ihr Revier mühsam mit ihren Duftdrüsen markiert, doch der Geruch wird von uns nicht wahrgenommen – eine äußerst unbefriedigende Situation für das Kaninchen. Daher wird sie entweder aggressiv reagieren oder sich in einer Ecke verstecken, wenn wir in den Käfig greifen. Kurz vor der Geburt, meist ein bis zwei Tage vorher, beginnt sie damit, das Nest auszupolstern. Die Babys brauchen einen warmen, sichern Platz, um nicht zu erfrieren, denn sie kommen nackt und blind zur Welt. Daher trägt die Häsin Streu, Stroh und Heu zusammen und türmt es zu einem richtigen Berg auf. Wenn das Nest fertig ist, sieht es wie eine Vase mit breitem Boden aus, die sich nach oben hin verjüngt. Um das Nest kuschelig und warm zu machen, rupft sich die Häsin Fell an der Brust, dem Bauch und an der Wamme aus.

Sind Kaninchen RABEN-ELTERN?

Die Geburt bewerkstelligt die Häsin alleine. Meistens findet sie in den frühen Morgenstunden statt. Die Mama nabelt ihre Kinder ab, leckt sie sauber und frisst die Nachgeburt auf, um durch den Geruch des Blutes und des Fruchtwassers keine Feinde anzulocken. Die Babys sind bei der Geburt nackt, blind und taub. Sie sind allerdings mit einem äußerst feinen Geruchssinn ausgestattet.

Direkt nach der Geburt werden die Jungen gesäugt. Das dauert ungefähr fünf Minuten, denn die Jungen sind noch etwas unbeholfen und müssen erst lernen, die Zitze in kürzerer Zeit zu finden. Man könnte meinen, Kaninchenmütter sind schlechte Mütter, denn sie kümmern sich nur ein bis maximal zweimal am Tag um ihre Kinder. In dieser Zeit müssen die kleinen Kaninchen so viel Milch wie möglich trinken. Die Zeitdauer des Säugens wird mit zunehmendem Alter der Kleinen immer geringer. Mit ihren feinen Näschen können sie innerhalb von Sekunden die Zitzen der Mutter finden, um Milch zu trinken. Direkt nach der Milchmahlzeit urinieren die Kaninchenkinder. Sie müssen nicht wie Hunde oder Katzen von ihrer Mutter dazu angeregt werden, indem diese das Bäuchlein und den After leckt.

Nach dem Säugen verlässt die Mutter das Nest und verschließt es mit etwas Erde oder scharrt es mit Einstreumaterial zu. Das ist in der freien Natur wichtig, damit die Jungen nicht von Feinden aufgefressen werden. Nach ungefähr drei Wochen hört die Mutter auf, das Nest zu verschließen, damit die Babys ihre Umgebung erforschen können, denn jetzt haben sie ein flauschiges Fell, können sehen und hören und beginnen an festem Futter zu knabbern.

Es wird behauptet, die Väter der Kaninchen müssten unbedingt aus dem Stall entfernt werden, weil sie sich den Jungen gegenüber aggressiv verhalten und diese sogar töten. Das stimmt eigentlich nicht. Kaninchenväter sind zwar nicht sonderlich an ihrem Nachwuchs interessiert, doch hin und wieder sehen sie im Nest nach, ob alles in Ordnung ist und lecken ihre Kinder ab.

Bedenklich wird es allerdings, wenn der Rammler nicht der Vater ist. Dann muss er auf jeden Fall aus dem Stall entfernt werden. Kaninchen wissen instinktiv, ob die Nachkommen von ihnen oder von anderen Rammlern sind.

Kaninchenkinder

FREMD-BAKTERIEN: Wie verdauen kleine Kaninchen?

Mit ungefähr zwei Wochen beginnen die Kaninchen feste Nahrung aufzunehmen. Sie fressen dabei meist Material, das die Mutter zum Nestbau verwendet hat und es scheint so, als ob sie sich langsam durch die Nestwand hindurchfressen, damit sie es im Alter von ungefähr drei Wochen verlassen können. Während dieser Zeit nehmen sie auch Kotkügelchen der Mutter auf, die sie im Nest hinterlassen hat. Wahrscheinlich brauchen sie die im Kot enthaltenen Bakterien, damit sich eine Magen-Darm-Flora entwickeln kann, um Heu, Gras und sonstige Nahrung verdauen zu können.

FORSCHERDRANG per Hasenzahn: Wie erforschen die Kleinen die Welt?

Im Alter von ungefähr drei Wochen fangen die kleinen Kaninchen an ihre Umgebung zu erforschen. Sie haben nun ein flauschig weiches Fell und sehen aus wie kleine Wattebäuschchen. Sie verlassen das Nest, knabbern Hälmchen und erkunden ihre Umgebung. Von ihrer Mutter werden sie jetzt langsam entwöhnt. Sie lässt die Kleinen nur noch ungern saugen, denn in freier Natur steht ihr schon wieder die nächste Kinderstube bevor.

Jetzt ist die Zeit gekommen, die Babys behutsam an den Menschen zu gewöhnen. Am besten bietet man ihnen zuerst Leckerbissen wie Petersilie oder schmackhafte Kräuter wie Löwenzahn aus der Hand an. Rennen sie nicht mehr aufgeregt in ihr Nest zurück, um sich zu verstecken, kann man sie auf die Hand nehmen und streicheln. Sie sollten auch unter Aufsicht aus dem Käfig gelassen werden, um in der Wohnung herumzuhoppeln. Aber seien Sie vorsichtig! Kleine Kaninchen sind sehr neugierig und nehmen alles in den Mund. Daher sind sie besonderen Gefahren ausgesetzt, wenn sie unbeaufsichtigt durch die Gegend hoppeln. Im Sommer können sie auch ins Freigehege gesetzt werden, damit sie den Geschmack von frischem Gras kennen lernen und sich an die vielen Geräusche gewöhnen können. Hundegebell, Musik, Flugzeuglärm, der Rasenmäher des Nachbarn, schreiende Kinder, das sind alles Geräusche, die uns banal vorkommen, doch für die kleinen Kaninchen ist es eine Flut von Sinneseindrücken, an die sie sich gewöhnen müssen.

Ungefähr ab der 4. Lebenswoche kann mit der Erziehung begonnen werden. Alle, die glauben, ein Kaninchen könne man nicht erziehen, irren sich gewaltig. Kaninchen sind zu wesentlich mehr Intelligenzleistungen fähig als wir glauben. Sie haben ein sehr gutes Gedächtnis – fast wie ein Elefant.

Handaufzucht: Was ist bei der MUTTERLOSEN AUFZUCHT zu beachten?

Bei der mutterlosen Aufzucht junger Kaninchen sind einige Besonderheiten zu beachten. Kleine Kaninchen brauchen nicht so oft mit Milch gefüttert werden wie Hunde und Katzen. Sie werden von der Häsin auch nur ein- bis zweimal pro Tag gesäugt. Sie benötigen auch keine Bauchmassage nach der Milchmahlzeit, wie Hunde- und Katzenwelpen.

Kaninchenbabys haben keine Mikroorganismen in ihrem Verdauungstrakt, die bei älteren Tieren die einzelnen Nahrungsbestandteile aufspalten. Sie trinken Milch, diese gerinnt im Magen und wird dann verdaut. Die geronnene Milch hat einen relativ hohen pH-Wert (zwischen 5,0–6,0). Dieser hohe pH-Wert würde bei anderen Tierarten zu einem explosionsartigen Wachstum von Mikroorganismen, sprich Bakterien und massiven Verdauungsstörungen führen. Nicht jedoch bei kleinen Kaninchen. Das liegt daran, dass kleine Kaninchen ein so genanntes Milchöl produzieren. Das Milchöl ist eine Fettsäure, die antimikrobiell wirkt und Mikroorganismen abtötet. Es wird im Magen der kleinen Kaninchen gebildet, sie benötigen jedoch einen Bestandteil in der Muttermilch dazu.

Stirbt die Mutter oder werden die Kaninchen mit anderer Milch aufgezogen, können sie das Milchöl nicht produzieren. Deswegen kommt es bei ihnen häufiger zu Verdauungsstörungen als bei der mutterlosen Aufzucht anderer Tierarten.

Nach und nach nimmt die Milchölproduktion ab, die kleinen Kaninchen fressen Kotkügelchen ihrer Mutter und die Magen-Darm-Bakterienflora der Kaninchen entwickelt sich. Deswegen müssen Hand aufgezogene kleine Kaninchen im Alter von ungefähr drei Wochen Kot von anderen Kaninchen fressen können.

Wie bekommt man ein Kaninchen STUBENREIN?

Für ein ungetrübtes Zusammenleben zwischen Menschen und Kaninchen legen die Zweibeiner viel Wert auf die Benutzung einer Toilette. Für das Kaninchen ist die Idee nicht sonderlich abwegig, da sie in freier Natur auch Toilettenplätze anlegen. Dennoch kann auch das sauberste Kaninchen Kot und Urin in der Wohnung hinterlassen, weil es entweder markieren will oder den Weg zur Toilette nicht schnell genug gefunden hat.

Mit der Erziehung zur Stubenreinheit kann man im Alter von ungefähr vier Wochen beginnen. Hierzu eignen sich Katzentoiletten, Pappkartons oder spezielle Kaninchentoiletten, die kleiner sind, eine Vertiefung für den Einstieg haben und deren Rand nicht so hoch wie der einer Katzentoilette ist. Die Kleintiertoiletten sind entweder rechteckig oder dreieckig, so dass sie Platz sparend in einer Käfig- oder Zimmerecke untergebracht werden können.

Vielfach wird empfohlen, Katzenstreu als Einstreumaterial für die Kaninchentoilette zu verwenden. Das kann ich eigentlich nicht empfehlen. Wenn wir darüber nachdenken, wo Kaninchen in der Natur Toilettenplätze anlegen, sind das meist erhöht liegende Stellen mit lockerer Erde. Hier findet man normalerweise keine Steinchen oder

ähnliches. Die meisten Kaninchen mögen Katzenstreu nicht sonderlich gerne. Andere wiederum fressen die Katzenstreu, was zu massiven Verdauungsstörungen mit Todesfolge führen kann. Besser geeignet ist Einstreu aus dem Käfig oder lockere Erde. Diese hinterlässt jedoch Spuren an Kaninchens Füßen und damit auch auf dem Teppich, was von vielen Zweibeinern nicht besonders geschätzt wird. In einer großen Wohnung ist es empfehlenswert, mehrere Toiletten aufzustellen, damit es nicht zu „Missgeschicken" kommt. Bei der Einrichtung der Toilette sollte man etwas mit Urin und Kot verschmutzte Streu in die Toilette füllen, um dem Hoppler zu signalisieren: Sieh her, hier ist ein Toilettenplatz. Wenn die kleinen Kaninchen zum ersten Mal frei laufen, sollten sie in kurzen Abständen immer wieder in die Toilette gesetzt und bei Verrichtung des gewünschten Geschäfts mit einem Leckerbissen belohnt werden.

GEBURTENREGELUNG:
Geschlechtertrennung oder Kastration?

Wie schon erwähnt, werden Kaninchen mit ungefähr fünf bis sechs Monaten geschlechtsreif. In diesem Alter müssen die kleinen Kaninchen entweder voneinander getrennt oder kastriert werden, wenn man nicht in die Kaninchenzucht einsteigen will. Eine Häsin kann pro Saison bis zu dreißig Junge bekommen, das macht in fünf Jahren 150 Nachkommen! Wer will schon 150 Kaninchen in seiner Wohnung herumhoppeln haben, wobei diese Zahl sich ja nur auf die Nachkommen der ersten Häsin bezieht. Denn die Kinder bekommen dann auch wieder Kinder ...

Geschwister verstehen sich meistens zeitlebens ganz gut miteinander. Sie wissen instinktiv, dass sie miteinander verwandt sind. Mit Eintritt der Geschlechtsreife, vor allem in der Fortpflanzungsaison, kann es aber zu unangenehmen Rangeleien, Beißereien und Strei-

tigkeiten kommen. Die Rammler kämpfen um die Gunst der weiblichen Tiere, während die Häsinnen aggressiv werden, weil sie ihr Territorium verteidigen wollen. Das ist vor allem dann der Fall, wenn die Kaninchen nicht genügend Platz haben, um sich aus dem Weg zu gehen. Deshalb ist es ratsam, die Rammler zu kastrieren, auch wenn man zwei männliche Tiere hält. Empfehlenswert ist sicherlich auch die Kastration der Häsinnen, wobei dieser Eingriff schwieriger und riskanter ist, als der des männlichen Tieres. Die Hoden des Rammlers, die bei der Kastration (= Entfernung der Geschlechtsdrüsen) entfernt werden, liegen außerhalb der Bauchhöhle. Die Bauchhöhle muss bei dem Eingriff nicht geöffnet werden. Bei der Häsin werden die Eierstöcke entfernt, der Tierarzt muss dazu die Bauchhöhle öffnen. Das ist komplizierter und wird deshalb seltener vorgenommen.

Obwohl es behauptet wird, ändert sich der Charakter der Tiere durch die Kastration nicht. Sie werden allenfalls etwas ruhiger und bewegen sich weniger. Deshalb können sie unter Umständen etwas zunehmen und zu gemütlichen Pummelchen werden. Das kann man aber durch geeignete Diät- und Bewegungsmaßnahmen gut in den Griff bekommen. In den Kapiteln Beschäftigung und Kaninchenfitness finden Sie einiges, um Ihren Hoppler in Schwung zu halten.

Was sollte man beim KAUF beachten?

Mit 2 bis 3 Monaten können die jungen Kaninchen umziehen. Sie sind jetzt alt genug, um ein selbstständiges Leben zu führen und können an ihre neuen Besitzer abgegeben werden. Da Kaninchen sehr gesellige Tiere sind, sollten sie nicht allein gehalten werden. Am besten vertragen sich Wurfgeschwister miteinander. Wenn man ein Pärchen bei sich aufnimmt, sollte der Rammler im Alter von ungefähr fünf Monaten kastriert werden.

Wenn Sie ein Tier beim Züchter, beim Zoofachhändler oder bei Privatpersonen auswählen, achten Sie darauf, wie die Kaninchen gehalten werden. Falls die Mutter anwesend ist, sehen sie sich das Verhalten und den Zustand der Häsin an. Eine gut sozialisierte, menschenbezogene Kaninchenmutter wird sich ohne weiteres auf den Arm nehmen lassen und auch nichts dagegen haben, wenn ihre Kinder gestreichelt werden. Wie reagieren die kleinen Kaninchen? Huschen sie in die nächste Ecke und verstecken sich oder sind sie ganz entspannt, wenn der Züchter oder Zoofachhändler sich dem Käfig nähert? Befragen sie den Vorbesitzer über Krankheiten wie Kaninchenschnupfen, Parasitenkontrolle oder Zahnprobleme. Ein gewissenhafter Züchter impft seine Kaninchen gegen verschiedene Krankheiten, um vorzubeugen, dass sich die Kaninchen auf Ausstellungen infizieren.

Damit die kleinen Kaninchen schnell in der neuen Umgebung heimisch werden, lassen Sie sich etwas gebrauchte Streu vom Vorbesitzer mitgeben. Verteilen Sie die Streu im neuen Kaninchenheim, damit es gleich vertraut riecht. Vermeiden Sie anfangs laute Geräusche und zuviel Hektik. Lassen Sie die Hoppler die ersten Tage in Ruhe ihren neuen Käfig inspizieren – auch wenn es den meisten Kindern furchtbar schwer fällt, die Kaninchen nicht gleich herumzutragen und sie allen Freunden zu zeigen.

Warum leben Kaninchen nicht gern ALLEINE?

Kaninchen sind Rudeltiere und brauchen Gesellschaft. Trotzdem werden viele Kaninchen in unserer Obhut alleine gehalten. Im Grunde ist das nichts anderes als wenn ein Mensch in Einzelhaft in einer Gefängniszelle sitzt und keinen Kontakt zu anderen Menschen hat. Die Zelle, respektive der Käfig, wird für kurze Zeit am Tag zum Hofgang geöffnet und der wird dann auch noch strengstens überwacht. Das ist kein artgerechtes Kaninchenleben. Kaninchen brauchen Gesellschaft, Platz und Gras. Das genügt für ein glückliches Kaninchenleben.

Viele Kaninchenhalter sind sehr beunruhigt, wenn sich ihre Kaninchen streiten, doch das ist normal. In jeder Familie gibt es Auseinandersetzungen und keiner, nicht einmal Kaninchen schaffen es, ihr Leben in vollkommener Harmonie zu verbringen. Daher ist es nicht tragisch, wenn sich die Kaninchen zeitweise schlechter verstehen, sich jagen und beißen. Allerdings ist die Grundvoraussetzung für ein Zusammenleben, dass die Tiere genügend Platz haben, um sich aus dem Weg zu gehen – besonders in Krisenzeiten. Wir verlassen nach einem Streit auch das Haus, um uns bei einer Freundin auszuweinen oder frische Luft zu schnappen und um unserer zorniges Gemüt zu besänftigen.

KANINCHEN-FREUNDSCHAFTEN:
Warum freuen sich Kaninchen über einen Kumpel?

Kaninchen können sehr enge Freundschaften bilden und unter dem Verlust eines Freundes leiden. Der Mensch kann niemals vollwertiger Ersatz für einen Artgenossen sein. Hat das Kaninchen einen anderen Artgenossen als Kumpel, ist es nicht mehr so sehr auf die Menschen-

freundschaft angewiesen und orientiert sich mehr an seinem Kaninchenfreund, was für den Besitzer enttäuschend sein kann.
Am einfachsten lassen sich Wurfgeschwister vergesellschaften. Aber auch Kaninchen aus verschiedenen Würfen gewöhnen sich ganz gut aneinander, wenn man früh genug damit beginnt. Denn auch für Kaninchen gilt: „Was Hänschen nicht lernt, lernt Hans nimmermehr."

Verschiedene Welten: Warum haben sich Kaninchen und MEERSCHWEINCHEN nicht viel zu sagen?

Um das Vermehrungsproblem zu umgehen, wurde – und wird leider vielfach immer noch – die Vergesellschaftung von Kaninchen und Meerschweinchen empfohlen. In den meisten Fällen ist das Meerschweinchen in dieser Beziehung das arme Schwein. Kaninchen werden größer und terrorisieren das arme Meerschweinchen häufig. Vor allem männliche Tiere bedrängen das Meerschweinchen während der Brunstsaison. Die Kaninchen sind meist nicht kastriert, weil sie sich mit einem Meerschweinchen nicht fortpflanzen können. Die Meerschweinchen haben den Annäherungsversuchen der Kaninchen oft nichts ent-

gegenzusetzen und tragen häufig schlimme Bisswunden davon. Kaninchen und Meerschweinchen kommen in völlig unterschiedlichen Gebieten der Welt vor und außer, dass sie Gras fressen und nachwachsende Zähne haben, ist ihnen sonst nicht viel gemein. Man setzt einen Menschen auch nicht mit einem Gorilla zusammen, nur weil wir entwicklungsgeschichtlich eng miteinander verwandt sind.

Das soll nicht heißen, dass es nicht echte Freundschaften zwischen Kaninchen und Meerschweinchen geben kann und das zuvor Gesagte sollte Sie keinesfalls dazu verleiten, eine solche Freundschaft zu beenden. Auch hier ist es wichtig, dass beide ausreichend Platz zur Verfügung haben, um sich aus dem Weg zu gehen. Das Meerschweinchen sollte unbedingt einen eigenen Zufluchtsort bekommen. Das kann ein Häuschen im Käfig sein, dessen Öffnung groß genug für das Meerschweinchen, aber zu klein für das Kaninchen ist. Es kann auch ein extra Käfig mit einem Durchschlupf sein, durch den nur das Meerschweinchen passt.

Warum schüchtern HUND und KATZE das Kaninchen ein?

Kaninchen können prinzipiell mit anderen Tieren zusammen gehalten werden. Wir sollten dabei jedoch immer bedenken, dass Kaninchen Beutetiere sind. Das heißt, dass die Anwesenheit eines Hundes oder einer Katze ein Kaninchen zu Tode erschrecken kann. Es ist am besten, wenn die Kaninchen von klein auf gelernt haben, dass Hunde und Katzen Freunde sein können.

Allerdings passt ein davonhoppelndes Kaninchen wunderbar in das Beuteschema eines Hundes und einer Katze. Selbst wenn die Vierbeiner dem Kaninchen nichts tun, ist die Verlockung groß, ihm hinterher zu rennen und es zu erschrecken. So lange das Kaninchen still sitzen bleibt, ist es meistens uninteressant, aber wehe, es bewegt sich.

Katz und Hund: Wie NIMMT man dem Hoppler die ANGST?

Wollen wir Kaninchen und andere Haustiere aneinander gewöhnen, muss dies langsam und vorsichtig geschehen. Am besten lassen Sie die Katze oder den Hund erst am Käfig schnuppern und dem Kaninchen durch den Schutz der Gitter guten Tag sagen. Bei einem großen Hund ist es von Vorteil, wenn der Käfig auf einem erhöhten Platz steht und das Kaninchen dem Hund sozusagen Aug in Auge begegnen kann. Im nächsten Schritt holt man das Kaninchen aus dem Käfig und lässt es herumhoppeln. Der Hund befindet sich im Sitz oder Platz und darf das Kaninchen ruhig beobachten. Belohnen Sie sein braves Verhalten mit einem Leckerbissen.

Katzen machen natürlich nicht Sitz oder Platz und dürfen daher mit dem Kaninchen herumlaufen. Dabei müssen wir den Stubentiger jedoch genau im Auge behalten, ob er nicht versucht, ein bisschen Katz und Maus mit dem Kaninchen zu spielen. Es gibt Freigängerkatzen, die draußen Wildkaninchen jagen und zu Hause ein Kaninchen als Mitbewohner akzeptieren. Selbst wenn Hunde, Katzen und Kaninchen sich gut verstehen, sollten wir sie nie unbeaufsichtigt lassen.

Zweitkaninchen: Warum benimmt sich Ihr Kaninchen wie ein PLATZHIRSCH?

Es gibt viele Gründe, warum wir als Besitzer in Erwägung ziehen, ein weiteres Kaninchen anzuschaffen. Das kann der Tod eines Artgenossen sein, die Feststellung, dass die eigene Zeit zu knapp ist, um sich ausreichend um ein einzelnes Kaninchen zu kümmern oder einfach die Erkenntnis, dass unser Kaninchen einen Artgenossen braucht.

Obwohl Kaninchen gesellige Tiere sind, kann die Anwesenheit eines neuen Tieres unerwartete Probleme verursachen. Da haben wir es gut gemeint und was macht unser Kaninchen? Benimmt sich wie ein Platzhirsch, beißt und jagt das Neue und scheint alles andere als erfreut über den Neuzugang zu sein.

Kaninchen sind territorial. Das heißt, dass sie ihr gewohntes Umfeld als ihren Besitz betrachten und diesen nicht mit einem anderen Kaninchen teilen wollen, obwohl sie sich über Gesellschaft freuen sollten. Häsinnen legen häufig ein ausgeprägteres territoriales Verhalten an den Tag als Rammler, was sich in der Brunstsaison noch verstärkt. Es ist daher ratsam, ein zweites Tier in der hormonellen Ruhephase, also im Winter, anzuschaffen.

Damit es keine Probleme bei der Eingewöhnung gibt, sollte man einige Regeln beherzigen. Wir müssen davon ausgehen, dass unser „altes" Kaninchen seine Umgebung bereits kräftig mit seinen Duftdrüsen markiert hat. Das betrifft sowohl den Käfig als auch die Wohnung, oder den Bereich, in dem es frei umherlaufen darf. In diesem Bereich wird es sich sicher fühlen und diesen gegenüber einem Neuankömmling verteidigen.

Die erste Begegnung der beiden Kaninchen sollte auf neutralem Gebiet stattfinden. Am besten in einem Raum, in dem sich das „alte" Kaninchen bisher nicht aufgehalten hat. Hier sind keine Geruchsmarkierungen vorhanden. Hilfreich ist auch, die beiden Kaninchen in zwei Käfigen nebeneinander zu stellen, damit sie sich an die Anwesenheit des jeweils anderen gewöhnen können. Keinesfalls dürfen wir das neue Tier zu unserem alten in den Käfig setzen, in der Hoffnung, dass sich die zwei schon arrangieren werden.

Außerdem können wir, auch wenn es absonderlich klingt, das neue Tier mit Einstreu, Kot und Urin des bereits bei uns lebenden Kaninchens abrubbeln. Das vermittelt einen vertrauten Geruch und macht die Eingewöhnung leichter. Auch wenn Kaninchen Rudeltiere sind, ist doch jedes für sich ein Individuum mit eigenen Vorlieben und Abneigungen.

In jeder Familie gibt es Streit und es lässt sich nicht vermeiden, dass Kaninchen zwischendurch ihre Auseinandersetzungen austragen. In den meisten Fällen passiert dabei nicht viel. Es fliegt eine Menge Fell, doch in den seltensten Fällen fügen sich die Tiere wirklich so schlimme Bisswunden zu, dass man sie trennen muss. Wir sollten die Auseinandersetzungen unter Kaninchen austragen lassen. Sie sitzen den ganzen Tag in einem Käfig zusammen und müssen sich miteinander arrangieren. Die meisten Besitzer machen den Fehler, Jagereien und Beißereien vorzeitig zu beenden, weil sie Angst um ihre Tiere haben. Kinder müssen sich auch streiten und ihre Auseinandersetzungen klären, um Spannungen abzubauen. Genauso verhält es sich auch bei den Kaninchen.

Beschäftigung

Kleine Cleverchen: Wie GELEHRIG sind Kaninchen?

Entgegen landläufiger Meinungen ist es durchaus möglich ein Kaninchen zu erziehen und ihm etwas beizubringen. Weiter oben haben wir schon das Toilettentraining besprochen. Kaninchen sind jedoch zu weitaus höheren Geistesleistungen fähig, wenn wir es von ihnen fordern. Wie beim Menschen auch, hält geistige Anregung fit und gesund. Aber das Kaninchen braucht Hilfestellung von uns und muss aufgefordert werden, sein Gehirn anzustrengen. Man kann einem Kaninchen durchaus allerlei Tricks beibringen. Trotzdem werden Kaninchen in der Zirkusnummer immer nur vom Zauberer aus dem Hut gezaubert. Das liegt wohl daran, dass die Tiere sich bei einer großen Menschen- und Geräuschkulisse sehr unwohl fühlen und man ein Kaninchen aus den hintersten Reihen im Zirkus nicht so gut erkennen kann.

MÄNNCHEN machen: Wie bringt man's dem Kaninchen bei?

Für den Einsteiger ist Männchen machen eine sehr einfache Übung, die man dem Kaninchen relativ leicht beibringen kann. Generell sind die Tricks am einfachsten, die die natürlichen Bewegungsabläufe der Tiere ausnutzen und die man mit einem Kommando verknüpft. Kaninchen recken sich in die Höhe, um an besondere Leckerbissen über ihrem Kopf zu gelangen und setzen sich dabei auf ihren Po. Sie machen Männchen. Diese Verhaltensweise können wir für diesen Trick ausnützen. Nehmen Sie einen Leckerbissen und halten Sie ihn Kaninchen vor die Nase. Führen Sie ihn langsam in die Höhe. Das Kaninchen wird sich danach strecken, um den Leckerbissen zu ergattern. Sobald das Kaninchen auf seinem Po sitzt, belohnen Sie das Verhalten sofort mit dem Leckerbissen. Dabei sagen Sie „Männchen" oder etwas ähnliches. Das stimmliche Kommando sollte so kurz und prägnant wie möglich sein und Sie sollten dieses Wort möglichst nur im Zusammenhang mit diesem Trick gebrauchen. Wiederholen Sie die Übung mehrmals.

Bald wird sich das Kaninchen aufrichten, sobald sich ein Leckerbissen seiner Nase nähert. Es hat verstanden, dass es Männchen machen muss, um mit einem Leckerbissen belohnt zu werden. Im nächsten Schritt können Sie mit Ihrer leeren Hand das Kaninchen dazu veranlassen, Männchen zu machen und das Futter aus der anderen Hand geben. Benutzen Sie dabei immer das Stimmkommando, denn die Perfektion dieses Tricks ist nur das Stimmkommando. Manche Tiere bauen diesen Trick von alleine weiter aus. Sie machen immer dann Männchen, wenn sie einen Leckerbissen haben wollen.

Über Stock und über Stein: Wie SPRINGBEGEISTERT sind Kaninchen?

Kaninchen überwinden relativ problemlos kleine Hindernisse. Sie können Ihrem Kaninchen entweder eine kleine Rampe bauen oder es veranlassen, über einen kleinen Karton oder über einen dickeren Ast zu springen. Halten Sie wiederum einen Leckerbissen vor Kaninchens Nase, wenn es vor dem Baumstamm sitzt. Führen Sie den Leckerbissen langsam über den Baumstamm. Das Kaninchen wird dem Leckerbissen zunächst langsam, mit fortschreitendem Lernerfolg immer schneller folgen. Sagen Sie dabei „Hopp" oder „mach Hopp" oder etwas ähnliches. Um das Kaninchen zu veranlassen, schnell über den Baumstamm zu springen und nicht mühsam darüber zu kraxeln, erhöhen Sie die Geschwindigkeit Ihrer Hand mit dem begehrten Leckerbissen. Füttern Sie den Leckerbissen immer nur auf der gegenüberliegenden Seite des Baumstammes. Wenn Ihr Kaninchen den Trick nicht ausführt oder sich abwendet, bestrafen Sie es nicht und ignorieren das Verhalten, auch wenn Sie sich ärgern. Vielleicht möchte Ihr Kaninchen im Moment lieber schlafen oder sich putzen. Versuchen Sie es zu einem späteren Zeitpunkt noch einmal. Dehnen Sie die Trainingseinheiten nicht zu lange aus. Länger als ein paar Minuten kann sich kein Kaninchen konzentrieren. Wenn ein Trick beim letzen Mal gut geklappt hat und heute überhaupt nicht funktionieren will, gehen Sie in Ihrem Trainingsprogramm lieber einen Schritt zurück, als auf der Stufe zu beharren, auf der Sie sich schon angekommen glaubten. Einen Schritt zurück zu gehen, schafft wieder positive Erfolgserlebnisse, sowohl bei Ihnen als auch bei Ihrem Kaninchen.

Ab ins KÖRBCHEN: Wie macht man die Transport-Box schmackhaft?

Dieser Trick ist gut geeignet, um einem Kaninchen die Transportbox schmackhaft zu machen. Manchmal lässt es sich nicht vermeiden, ein Kaninchen zu transportieren, sei es zum Tierarzt oder um zu verreisen oder das Tier bei Nachbarn unterzubringen. Dabei ist es meistens zu umständlich, den ganzen Käfig mitzuschleppen. Wird die Transportbox immer nur für den Transport zum ungeliebten Tierarzt benutzt, macht das Kaninchen schlechte Erfahrungen mit der Box, denn immer, wenn es darin sitzt, passiert hinterher etwas Furchtbares wie Krallen schneiden oder geimpft werden. Wer von uns geht schon gerne zum Arzt? Wenn Kaninchen die Transportbox mit diesem Horrorerlebnis verknüpfen, ist es schwierig, sie zu Hause hinein zu bugsieren. Ich bekomme in meiner Praxis immer wieder geschildert, was für ein Kampf es ist, das Tier in die Box zu verfrachten. Umso frustrierter sind die Kaninchenbesitzer, wenn Kaninchen nach der Behandlung nichts Eiligeres zu tun haben, als in die verhasste Box zu hoppeln. Auch ein Kaninchen kann von zwei Übeln, nämlich dem Tierarzt und der Box, das kleinere wählen. Abgesehen davon macht der Körbchentrick die Reise zum Tierarzt für alle Beteiligten entspannter und stressfreier.

Für diesen Trick sollten Sie Ihr Kaninchen zunächst mit der Transportbox vertraut machen. Stellen Sie diese geöffnet auf und lassen Sie das Ding von Ihrem Kaninchen inspizieren. Die Box bleibt zunächst geöffnet stehen, als wäre sie ein neues Möbelstück. Dann setzen Sie sich neben die Box oder legen sich auf den Bauch und locken Ihr Kaninchen mit Leckerbissen vor den Eingang oder sogar schon in die Box. Kaninchen empfinden solche Boxen per se nicht als unangenehm, denn die Box erinnert an eine Höhle, in der Kaninchen gerne sitzen. Legen Sie immer wieder Leckerbissen in die Box, um Ihr Kaninchen zu animieren, ohne Ihr Zutun in die Box zu hoppeln. Wenn Sie das Kaninchen mit dem Leckerbissen in die Box locken, sagen Sie dabei „Heia" oder „Körbchen" oder etwas ähnliches. Das funktioniert am Anfang nur, wenn Sie und Ihr Kaninchen sich direkt vor dem Boxeneingang befinden. Sobald der Trick vor dem Boxeneingang gut funktioniert, entfernen Sie sich ein bisschen vom Eingang und locken Ihr Kaninchen wieder mit stimmlichem Kommando und Leckerbissen in die Box.

Lässt sich Ihr Kaninchen nicht gern einfangen, können Sie diesen Trick in abgewandelter Form dazu nutzen, es ohne große Fangaktionen abends in seinen Käfig zu befördern. Es wäre doch sehr angenehm, wenn Sie nicht unterm Sofa nach ihm angeln müssten, oder?

Kaninchenfitness

Wippen, hüpfen, klettern: Wie bleibt das KANINCHEN FIT?

Kaninchen brauchen Bewegung und Abwechslung in ihrem Leben, wie jeder von uns. Sie müssen gefordert werden und können erstaunliche Leistungen vollbringen. Kaninchen brauchen für ihr Wohlbefinden viel mehr als einen gemütlichen Käfig und genug zu fressen. Ihre wilden Artgenossen müssen tagtäglich mit den verschiedensten Hindernissen fertig werden, sind geschickte Kletterer und können ähnlich wie Springpferde mühelos relativ hohe Hürden überspringen.

Was ist „KANINHOP"?

Man kann für die Kaninchen, ähnlich wie wir es aus dem Hundesport kennen, einen Agility-Parcours aufbauen und ihnen beibringen, verschiedene Hindernisse zu überwinden, durch Röhren zu kriechen oder über eine Wippe zu laufen. Wer ehrgeizig ist und ein besonders begabtes Kaninchen hat, kann auch an „Kaninhop"-Wettbewerben teilnehmen, bei denen allerdings nur über Hindernisse gesprungen wird, ähnlich wie bei einer Springpferdeprüfung. Kaninhop kommt ursprünglich aus Schweden und Dänemark und wurde von norddeutschen Kaninchenzüchtern übernommen, die mittlerweile sehr erfolgreich große Kaninhop-Wettbewerbe veranstalten. Beim Kaninhop gibt es verschiedene Disziplinen, wie die gerade Hindernisbahn, Hoch- und Weitsprung kombiniert und den nummerierten Hindernisparcours. In diesen Klassen gibt es wiederum verschiedene Schwierigkeitsstufen. Da Kaninchen als Heimtiere sehr beliebt sind, wird sich das Kaninhop sicherlich bald in ganz Deutschland etablie-

ren. Die Kaninchen überwinden die Hindernisse an der Leine. Dazu müssen sie zuerst an das Brustgeschirr gewöhnt werden. Aber es geht natürlich auch im Freistil, der Phantasie sind keine Grenzen gesetzt. Wichtig ist jedoch bei allen Fitnesshindernissen, dass die Tiere niemals zu etwas gezwungen oder gar bestraft werden, wenn sie nicht richtig mitarbeiten oder unkonzentriert sind.

Die MAUER

Ein einfaches Hindernis ist die Mauer. Sie kann aus einem Hohlblockstein, einem Ziegelstein oder einfach einem größeren flachen Stein bestehen. Die Höhe der Mauer sollte anfangs ungefähr 10 cm betragen, so dass Kaninchen noch sehen kann, was auf der anderen Seite los ist. Sie setzen das Kaninchen auf die eine Seite der Mauer und halten ihm seinen Lieblingsleckerbissen vor die Nase. Diesen führen Sie langsam über die Mauer und deponieren ihn auf der anderen Seite. Je nach Naturell Ihres Tieres passiert entweder gar nichts, d.h. das Kaninchen bleibt desinteressiert sitzen oder ein besonders schlaues und aufmerksames Tier springt sofort hinterher, um sich den Leckerbissen zu schnappen. Seien Sie nicht frustriert, wenn Ihr Kaninchen auf diese neue

Aufgabe zunächst mit völligem Desinteresse reagiert. Es muss sich erst an die neue Situation gewöhnen. Vor allem Tiere, die jahrelang ohne geistige Anregung in einem Käfig gehalten wurden, brauchen eine Weile, bis sie ihr Gehirn wieder einschalten. Sie können das Kaninchen auch vorsichtig über die Mauer heben und ihm auf der anderen Seite das Leckerli füttern. Wichtig ist dabei, dass Sie die Sprungübungen zunächst nur in eine Richtung machen und dass Sie Ihrem Kaninchen den Leckerbissen erst geben, wenn es wirklich auf der anderen Seite der Mauer angekommen ist. Um die Mauer herumhoppeln gilt nicht!

Ein weiterer Anreiz die ersten Springversuche zu wagen, ist der Käfiggenosse, der auf der anderen Seite der Mauer wartet. Sie sollten jedoch immer nur mit einem Tier üben.

Der STEILSPRUNG

Bei diesem Hindernis ist die Phantasie des Parcoursbauers gefragt. In besonders begabten Bastlerfamilien wird sich sicher jemand überreden lassen, einen richtigen Sprung mit seitlichen Ständern und zwei bis drei bunten Stangen zu basteln, genau wie ein Sprunghindernis für Pferde, bloß viel kleiner. Haben Sie keinen geübten Bastler in der Familie, reichen auch zwei kleinere Blumentöpfe, auf die man die Stange legt. Man kann dazu Sitzstangen für Vogelkäfige verwenden, die es in verschiedenen Stärken und Längen im Zoofachgeschäft zu kaufen gibt. Bei den ersten Versuchen ist es sicherlich am besten, wenn man sich Vierkanthölzer aus dem Baumarkt besorgt, weil diese bei Berührung nicht so schnell von den Blumentopfständern herunterrollen. Das Kaninchen soll das Hindernis schließlich ohne Abwurf der Stangen bewältigen. Bei Fortgeschrittenen kann man zu runden Stangen übergehen, die bei Berührung leichter rollen und den Schwierigkeitsgrad des Sprungs erhöhen. Auch hier gilt das gleiche

Prinzip wie bei der Mauer: Niemals Druck ausüben und wenn Hoppel heute keine Lust hat, klappt es vielleicht morgen umso besser.

Das Kaninchen wird wie bei der Mauer auf die eine Seite des Sprungs gesetzt und mit Leckerbissen auf die andere Seite gelockt. Sprungverweigerer oder völlig desinteressierte Kaninchen kann man auch über den Sprung heben und sie sanft auf ein Kissen hinter dem Sprung plumpsen lassen, um ihnen zu demonstrieren, dass der Sprung nicht weh tut.

Grundsätzlich sind die Kaninchen am besten mit Leckerbissen zu motivieren. Das funktioniert bei einem satten Kaninchen, das gerade einige Stängel seiner Lieblingspetersilie gefressen hat, nicht sonderlich gut. Sie sollten den kleinen „Sportlern" möglichst nur beim Training Leckerbissen füttern und bei der normalen Fütterung auf diese ganz verzichten. Es kann auch sinnvoll sein, etwas restriktiv zu füttern, um bessere Trainingsergebnisse zu erzielen. Das hat nichts mit Tierquälerei zu tun. Die Tiere bekommen einfach weniger Fertigfutter und müssen sich vermehrt von Heu ernähren. Das entspricht den normalen Ernährungsbedürfnissen eines Wildkaninchens und motiviert die Tiere, sich im Training anzustrengen.

Ein geübtes Kaninchen überwindet mühelos eine Höhe von 70 cm im Steilsprung. Diese Höhe entspricht der „Elite-Klasse" beim Kaninhop und bedeutet, dass Ihr Kaninchen, ähnlich wie ein Springpferd, die höchsten Hindernisse überwinden kann.

Der WEITSPRUNG

Dieses Hindernis ist die Weiterentwicklung des Steilsprunges. Um es zu bauen, kann man entweder zwei Steilsprünge hintereinander aufstellen oder aber zwei Steine hintereinander legen und die Vierkanthölzer oder Holzstangen darauf legen. Wichtig ist, dass die Höhe zu Beginn sehr niedrig gewählt wird, denn die Kaninchen sollen sich beim Sprung strecken. Der Weitsprung ist ein Hindernis für fortgeschrittene Kaninchen. Als Besitzer muss man aufpassen, dass man sein Kaninchen nicht überfordert, denn wir wollen verhindern, dass das Kaninchen im Hindernis hängen bleibt und sich verletzt. Sprungunfälle können dazu führen, dass das Kaninchen die Lust am Springen verliert oder Angst vor den Hindernissen bekommt.

Die WIPPE
Die Wippe ist ein Geschicklichkeitshindernis und fordert den Gleichgewichtssinn Ihres Kaninchens. Besonders ängstliche Kaninchen verweigern die Wippe allerdings.
Dieses Hindernis lässt sich ganz leicht bauen. Ein beliebig langes, stabiles Brett wird auf einen runden Bauklotz oder ein Rundholz genagelt und zwar genau in der Mitte. Je größer der Durchmesser des Bauklotzes ist, desto größer ist die Kippwirkung der Wippe.
Zunächst setzen Sie Ihr Kaninchen auf die Wippe, und zwar genau in die Mitte, so dass diese ausbalanciert ist, streicheln es und reden beruhigend auf Ihr Tier ein. Wenn sich das Kaninchen mit dem

wackligen Ding angefreundet hat, lassen Sie es alleine von der Wippe laufen. Haben sich die Tiere erst an den Gegenstand gewöhnt, können sie das Kaninchen mit einigen Futterbissen über die Wippe locken. Achten Sie darauf, dass sich die Tiere nicht erschrecken.

Die HOLZRAMPE

Die Holzrampe kann man in vielen Zoofachgeschäften als Käfigeinrichtungsgegenstand kaufen. Es ist ein Rampe, auf der quer einige Trittbretter angebracht sind, so dass die Tiere beim Klettern nicht den Halt verlieren und abrutschen. Sie ist in Form eines umgekehrten V oder als Brücke erhältlich. Diesen Einrichtungsgegenstand findet man in vielen Kaninchenkäfigen, denn die Tiere sitzen gerne erhöht und klettern gerne darauf herum. Das Kaninchen mit diesem Fitnessgerät vertraut zu machen, stellt normalerweise kein besonders großes Problem dar. Auch hier arbeitet man am besten mit Leckerli. Man kann z. B. ein Petersiliensträußchen auf die Brücke legen oder über der höchsten Stelle der Rampe anbringen. Die Tiere lernen schnell, dass sie an die Belohnung kommen, wenn sie auf die Rampe klettern.

Die RÖHRE

Dieses Fitnessgerät wird Ihr Kaninchen besonders schätzen. Kaninchen lieben es, sich als Höhlenbewohner in Röhren aufzuhalten oder durch diese hindurchzulaufen. Meistens legt das Kaninchen in der Röhre ein Päuschen ein, um sich auszustrecken und ein Nickerchen zu machen. Seien Sie also nicht allzu frustriert, wenn das Kaninchen zwar in die Röhre krabbelt, aber relativ lange braucht, bis es wieder zum Vorschein kommt. Als Röhren kommen eine Vielzahl von Dingen in Frage, die sich zweckentfremden lassen. In Zoofachgeschäften gibt es inzwischen Röhren aus flexiblem Material zu kaufen, die von den

Kaninchen gut akzeptiert werden. Es eignen sich aber auch Plastikregenrinnen, Gießröhren für frisch gepflanzte Bäume, Tonabflussröhren und alles, was rund ist. Das Problem bei den Plastikmaterialien ist, dass die Tiere das Plastik benagen und sich so unschöne Verdauungsstörungen einhandeln können. Bei Verwendung von Plastikzubehör ist Vorsicht und größte Aufmerksamkeit geboten. Der Nachteil der Regenrinnen ist, dass diese ziemlich glatt und rutschig sind und innen nach Möglichkeit aufgeraut werden sollten.

Der FUTTERBALL: Wie kommt Hoppel an die Leckerlies?

Kaninchen stupsen Gegenstände, die sie genauer untersuchen wollen, mit der Nase an. Um sie zur Bewegung zu animieren, kann man ihnen einen kleinen Hartgummiball geben, mit dem sie Nasenball spielen können. Da das Ding aber nichts weiter macht, als durch die Gegend zu rollen, verlieren viele Kaninchen schnell das Interesse daran. Im Zoogeschäft werden Futterbälle angeboten. Viele von uns kennen sie schon als Beschäftigungsmöglichkeit für Hunde. Die Bälle haben ein kleines Loch und sind innen hohl. Durch das Loch lassen sich Futterstücke einfüllen, die dann beim Herumrollen aus dem Ball kullern. Der Futterball ist vor allem für kleine dicke Stubenhocker zu empfehlen, deren Hobby die Nahrungsaufnahme ist. Die Kaninchen müssen für ihr Futter arbeiten, bewegen sich und werden gleichzeitig mit Leckerbissen belohnt. Kaninchen spielen gerne mit Futterbällen, wenn sie begriffen haben, dass das Herumrollen des Balls mit Leckerbissen belohnt wird. Es eignen sich nicht alle Futterpartikel zum Befüllen der Bälle. Sie sollen nicht zu leicht, aber auch nicht zu schwer aus dem Ball fallen. Manchmal muss man sich durch verschiedene Ballmodelle und Futtersorten durchprobieren, bis man die passende Kombination gefunden hat.

Der FITNESSPARCOURS:
Zirkeltraining für Kaninchen?

Alle oben beschriebenen Hindernisse kann man zu einem regelrechten Kaninchenfitnessparcours kombinieren. Jedoch sollten wir bedenken, dass die Tiere sich nicht besonders lange konzentrieren können und die Anforderungen nicht zu hoch schrauben. Zu Beginn sollten wir auf jeden Fall alle Hindernisse einzeln trainieren und diese erst dann kombinieren, wenn sie von unserem Kaninchen mühelos beherrscht werden. Auch wenn Ihr Kaninchen alle Hindernisse prima einzeln meistert, kann es mit der Kombination verschiedener Hindernisse überfordert sein oder die Übung schnöde beenden, wenn es sich nicht mehr konzentrieren kann.

Beim Fitnesstraining sollten wir auch bedenken, dass Kaninchen dämmerungsaktive Tiere sind. Das heißt, dass sie besonders in den frühen Abendstunden zur Höchstform auflaufen. Daher trainiert man am besten während dieser Stunden mit den Kaninchen. Dies kommt natürlich auch den Berufstätigen entgegen, die nach der Arbeit ein bisschen Ruhe und Entspannung beim Kaninchenfitness finden.

Es kann vorkommen, dass Kaninchen zu bestimmten Jahreszeiten besonders unkonzentriert sind. Viele Kaninchen verändern während der Fortpflanzungssaison ihr Verhalten, wenn sie nicht kastriert sind. Seien Sie also nicht allzu frustriert, wenn Ihr Kaninchen im Winter der wahre Reinhold Messner ist, was das Klettern betrifft, sich aber in den Sommermonaten nur wenig für die Hindernisse interessiert und die Übungen richtig zäh sind. In der Fortpflanzungssaison können sich viele Tiere schlechter konzentrieren, weil ihnen ihre Gene sagen, dass es jetzt Zeit für die Paarung und nicht für Turnübungen ist.

Krankheiten frühzeitig erkennen

Kleine Indianer: Warum zeigen Kaninchen keinen SCHMERZ?

Es ist ganz nützlich zu wissen, wann unser Kaninchen krank ist, um es richtig zu pflegen und es vor allem rechtzeitig vom Tierarzt versorgen zu lassen.
Rudeltiere haben die unangenehme Eigenschaft, so lange wie möglich gesund erscheinen zu wollen, damit die anderen Rudelmitglieder nicht merken, dass sie krank sind. Für die Gruppe ist es überlebenswichtig, keine ansteckenden Krankheiten im Bau zu haben, die vielleicht die gesamte Kaninchenpopulation auslöschen könnten. Deswegen sind Kaninchen solange wie möglich bestrebt, einen gesunden Eindruck zu machen, selbst wenn sie sich nicht wohl fühlen. Das Rudel verstößt kranke Kaninchen gnadenlos, sie werden weggescheucht und müssen den Bau verlassen. Das ist für viele Tiere der sichere Tod, denn sie sind auf sich gestellt, stehen nicht mehr unter dem Schutz der Gruppe und sind ihren Feinden hilflos ausgeliefert. Obwohl unsere Hauskaninchen die Gefahren durch Raubvögel,

Füchse und Marder nicht zu fürchten brauchen, steckt dieses Verhalten dennoch in ihren Genen und sie machen es uns schwer, Krankheiten zu erkennen.

Dauerdurst und schlechte Laune: versteckte HINWEISE auf Krankheiten?

Sie äußern Krankheiten anders, als wir es von ihnen erwarten oder es von Hunden und Katzen kennen. Wir müssen uns von der Vorstellung verabschieden, dass ein krankes Kaninchen nicht frisst. Selbst mit den grausigsten Zahnschmerzen durch überlanges Backenzahnwachstum fressen die meisten Kaninchen noch. Ein Hinweis kann die Selektion des Futters sein. Das heißt, dass Kaninchen nicht mehr alle Bestandteile des Kaninchenmüslis fressen oder ihr Heu liegen lassen, denn das müssen sie am intensivsten kauen. Das bereitet ihnen natürlich Schmerzen, wenn sie Zahnprobleme haben, doch es fällt den meisten Kaninchenbesitzern gar nicht auf. Oder es fällt ihnen auf, wenn ich in meiner Praxis explizit danach frage. Ein krankes Kaninchen sitzt auch nicht in der Ecke und jammert, es verhält sich fast normal und die Hinweise auf eine Erkrankung können sehr versteckt sein. Generell ist eine Verhaltensänderung immer ein Zeichen dafür, dass etwas nicht in Ordnung ist. Lebhafte Tiere sitzen plötzlich viel herum, zurückgezogene und eher ängstliche Kaninchen werden plötzlich zutraulich. Bei jeder Verhaltensänderung ist Vorsicht geboten und wir sollten uns überlegen, ob eine organische Erkrankung dahinter stecken könnte. Interessanterweise ist auch die Wasseraufnahme beim Kaninchen ein Zeichen für eine Erkrankung. Kranke Tiere trinken oft sehr viel Wasser und geben natürlich auch entsprechend viel Urin ab. Das lässt viele Besitzer vermuten, dass es sich um eine Blasen- oder Nierenentzündung handelt, häufig ist es aber ein Hinweis darauf, dass dem Kaninchen etwas weh tut. Auch Aggression kann ein Zeichen für Schmerzen sein. Kranke Kaninchen lassen sich nicht mehr gern anfassen und reagieren aggressiv, wenn man sie aus dem Käfig nehmen möchte.

Zähneknirschen ist ebenfalls ein Anzeichen für Schmerzen. Die Kaninchen sitzen im Käfig und machen mahlende Kaubewegungen, nicht etwa, weil sie wiederkauen, sondern weil ihnen etwas weh tut. Anzeichen für eine Erkrankung ist meist ein Gewichtsverlust. Deshalb sollte man die Tiere in regelmäßigen Abständen wiegen, nicht nur, um Erkrankungen frühzeitig zu erkennen, sondern auch, um einer Fettsucht vorzubeugen.

Neben diesen eher unspezifischen Zeichen kann man bei genauer Beobachtung auch am Kaninchen selbst Veränderungen feststellen, die auf Krankheiten hindeuten, wie Veränderungen in der Fellbeschaffenheit, Haarausfall, Augenausfluss, Tränenfluss, verschmierte Nase und verklebtes Kinn, Verkrustungen, Schuppen oder Aufla-

gerungen im Fell, verschmierter Po, kahle Stellen im Fell, vermehrter Juckreiz, veränderte Ohrhaltung.

Um unsere Kaninchen gesund zu erhalten, müssen wir ihren Gesundheitszustand regelmäßig kontrollieren. Einmal in der Woche reicht nicht aus!

Interessanterweise werden die meisten Kaninchen am Wochenende krank, wenn ich Notdienst habe. Aber nicht etwa, weil sie am Wochenende tatsächlich öfter erkranken, sondern weil dies der Zeitpunkt in der Woche ist, wo der Käfig gereinigt wird und viele Besitzer sich besonders intensiv mit ihren Tieren beschäftigen. Das finde ich schade, denn wer so wenig Zeit für ein Tier hat, der sollte sich lieber keines anschaffen.

Was hat die Anschaffung mit VORBEUGUNG zu tun?

Krankheiten vorbeugen kann man auch durch die richtige Auswahl bei der Anschaffung eines Tieres. Besonders kleine Zwergkaninchen sind zwar niedlich, aber sie leiden viel häufiger an Krankheiten als ihre etwas größeren Kaninchenverwandten. Es gibt unzählig viele Kaninchenrassen, die nicht unbedingt so groß wie ein großer Stallhase werden müssen, aber trotzdem größer als ein Zwergkaninchen sind. Diese Tiere haben meist einen etwas längeren Schädel und leiden viel seltener unter Zahnproblemen als die kleinen Zwergkaninchen. Zahnprobleme mit daraus resultierenden Zahnabszessen, die irgendwann nicht mehr therapiert werden können sind übrigens der häufigste Grund, warum Kaninchen beim Tierarzt eingeschläfert werden müssen. Direkt danach kommen Verhaltensprobleme.

Bei der Anschaffung eines Tieres sollte man unbedingt darauf achten, ob die Tiere von einem guten Züchter kommen und nicht wahllos irgendein Tier anschaffen, weil es besonders niedlich ist. Ich halte es auch für wichtig, dass die Tiere gegen Kaninchenschnupfen geimpft sind, was sich in Deutschland bisher noch nicht durchgesetzt hat. Ein rechtzeitiger Impfschutz gegen Kaninchenschnupfen erspart dem neuen Besitzer viele Sorgen und viel Geld, denn ein Tier mit Kaninchenschnupfen muss meistens lebenslang behandelt werden.

FRAGEN UND BEISPIELE AUS DER PRAXIS

Inzwischen haben Sie schon eine ganze Menge über die Lebensweisen der Zwergkaninchen und ihrer wilden Verwandten erfahren. Doch manchmal kann es auch zu Problemen im Zusammenleben zwischen Mensch und Kaninchen kommen. Die häufigsten und kuriosesten Fragen, die mir in meiner Praxis oder bei Anfragen zu meinem Buch „Meine Zwergkaninchen" gestellt wurden, sind im folgenden Kapitel zusammengestellt und beantwortet.

Warum streiten auch Kaninchen?

Im Kaninchenleben gibt es verschiedene Gründe, um aggressives Verhalten an den Tag zu legen.
Um das eigene Überleben und das der Nachkommen zu sichern, verteidigt das Kaninchen sein Futter, sein Territorium oder verhält sich gegenüber anderen Kaninchen aggressiv. Angst kann ebenso ein Grund für aggressives Verhalten sein wie mütterliche Instinkte. Schließlich können Kaninchen wegen chronischer Schmerzen aggressiv reagieren oder weil sie frustriert sind und ihre Frustration abreagieren müssen – dies nennt man umgeleitete Aggression. Ähnlich wie wir vielleicht nach einem nervigen Tag im Büro frustriert sind, weil wir uns über unsere Kollegen geärgert haben und es dann beim Nachhauseweg an unserem Nachbarn in der U-Bahn auslassen. Aggressives Verhalten zeigen sowohl männliche als auch weibliche Tiere. Eine Kastration bessert aggressives Verhalten häufig, ist aber nicht das Allheilmittel für alle Probleme.
Aggressives Verhalten kann angeboren sein. Kaninchen bekommen es sozusagen mit in die Wiege gelegt. Diese angeborenen Instinkte sichern ihnen das Überleben, deswegen verteidigen Kaninchen ihr Futter, ihr Territorium oder ihre Nachkommen. Es kann jedoch auch erlernt sein, das heißt, dass das Kaninchen ein aggressives Verhalten gezeigt hat und mit diesem Verhalten Erfolg hatte. Kaninchen sind sehr schlau und können enorme Lernleistungen vollbringen, da sie ein hervorragendes Gedächtnis besitzen. Das macht es aber auch sehr schwer, unerwünschtes Verhalten zu ändern oder Kaninchen anders zu konditionieren. Wenn ein Kaninchen beispielsweise der Meinung ist, dass Männer gefährlich seien, weil es entsprechende Erfahrungen in seiner Prägungsphase gemacht hat, ist es sehr schwierig, es vom Gegenteil zu überzeugen.

Vom charmanten Kumpel zur bissigen Gewehrkugel: Ist mein Kaninchen „SCHIZOPHREN"?

Wir haben kürzlich einen 3-jährigen kastrierten Rammler namens Hoppel aus dem Tierheim geholt. Zuerst hatten wir keine Probleme mit Hoppel. Er hat sich gut an uns gewöhnt, ist zutraulich, lässt sich auf den Arm nehmen und schmust mit uns. In letzter Zeit hat er sich eine Marotte zugelegt, die ich sehr beängstigend finde. Sobald man ihn füttert, schießt er wie eine kleine Gewehrkugel aus seinem Häuschen und beißt heftig zu. Unsere ganze Familie hat schon üble Bissverletzungen davongetragen. Inzwischen müssen wir Lederhandschuhe anziehen, wenn wir seine Futterschüssel füllen oder auch, wenn wir diese aus dem Käfig nehmen wollen, um sie zu säubern. Ich verstehe nicht, warum er das plötzlich macht. Anfangs war er ganz friedlich als wir ihn gefüttert haben. Abgesehen davon ist er ein absolut charmanter kleiner Kerl und wir wollen ihn nicht wieder hergeben. Kann er schizophren sein? Sein Verhalten schlägt so schnell um, dass man den Eindruck hat, es handle sich um zwei verschiedene Persönlichkeiten.

ANTWORT:

Ich bin mir nicht sicher, ob Schizophrenie beim Kaninchen vorkommt, glaube aber nicht, dass Hoppel geisteskrank ist. Es ist wahrscheinlicher, dass er sein Futter verteidigt. Aus seiner Sicht handelt er völlig korrekt. Da in seiner Futterschüssel besonders schmackhafte Leckerbissen angeboten werden, verteidigt er die Schüssel und das darin befindliche Futter gegen jeden. Die Hand, die zuerst füttert und sich dann wieder aus dem Käfig zurückzieht, ähnelt einem anderen Kaninchen, das Futter stibitzt und sich auf dem Rückzug befindet. Vermutlich hat er mit diesem Verhalten erst angefangen als er sich richtig eingelebt, seinen Käfig mit seinem Duft markiert und sich darin sicher gefühlt hat. Wahrscheinlich handelt es sich bei Hoppel um eine futterbedingte Aggression, die zum Teil von einer erlernten Aggression begleitet wird, denn er hat mit der Taktik Erfolg und wird durch das schnelle Zurückziehen der Hand belohnt, indem er mit seinem Futter in Ruhe gelassen wird. Aber mit Geduld und Spucke wird man dieses Verhaltensmuster sicherlich durchbrechen. Zunächst sollte man die Futterschüssel entfernen, damit er das Futter nicht mit der Schüssel assoziiert. Ersetzen Sie die Futterschüssel durch eine andere, kleinere und stellen Sie sein Futter in dieser kleinen Schüssel immer an verschiedenen Stellen innerhalb des Käfigs auf. Funktioniert das nicht, weil er Sie trotzdem attackiert, gibt es zukünftig keine Futterschüssel mehr und für Hoppel gilt: Nichts im Leben ist umsonst. Hängen Sie z. B. Mohrrüben, Kohlrabi, Petersilie oder größere Kräcker an den Gitterstäben über seinem Kopf auf, so dass er sie gerade noch erreichen kann und für sein Futter arbeiten muss. Sie können sein Kaninchenmüsli auch lose im Käfig verteilen, ohne dabei einen festen Platz zu haben. Außerdem können Sie sich einen kleinen Plastikball besorgen, am besten einen Futterball für

kleine Hunde oder Katzen. Den befüllen Sie mit Futterpellets, so dass er die Kugel herumschubsen muss, damit er an das Objekt der Begierde kommt.

Längere Leckerbissen wie Möhren, Grashalme oder lange Petersilienstängel füttern Sie am besten aus der Hand, damit er sich an Sie im Zusammenhang mit Futter gewöhnt und nicht gleich zubeißen kann, weil sich Ihre Hand erst am anderen Ende des Futters befindet.

Kaninchen STREITIGKEITEN: Warum greift Bonny ihren neuen Kumpel an?

Wir hatten zwei Kaninchen Bonny und Clyde. Clyde musste leider im Alter von sechs Jahren eingeschläfert werden. Die beiden hatten sich immer sehr gut verstanden. Da mein Mann und ich berufstätig sind und wir uns nicht ausreichend um Bonny kümmern können, übernahmen wir von Bekannten ein junges, kastriertes Männchen, damit Bonny Gesellschaft hat. Wir haben einen zweiten Käfig gekauft, die Käfige nebeneinander gestellt und das Männchen namens Schnuffel in den neuen Käfig gesetzt. Die beiden lernten sich durch die Gitterstäbe kennen und schienen sich zu mögen, denn sie lagen in den getrennten Käfigen nach einiger Zeit nebeneinander. Dann haben wir die Käfige geöffnet und beide zusammen in der Küche laufen lassen. Das war eine totale Katastrophe. Bonny jagte Schnuffel, riss ihm Fell aus und spielte völlig verrückt. Der arme Kerl wurde aufs Übelste zugerichtet und hat sich verängstigt hinter dem Mülleimer in der Küche versteckt. Als beide wieder in ihrem Käfig saßen, war die Welt wieder in Ordnung. Jetzt haben die beiden getrennt Freilauf, aber das ist nicht der Sinn der Sache. Schnuffel soll ihr doch Gesellschaft leisten. Gibt es einen Weg, die beiden aneinander zu gewöhnen?

ANTWORT:
Ich nehme an, dass die Küche ein Raum ist, in dem Bonny sich bereits zuvor aufgehalten hat. Sie hat diesen Raum bereits als ihr Territorium markiert und betrachtet Schnuffel somit als Eindringling. Solange er sich in einem anderen Käfig befindet, ist für Bonny die Welt in Ordnung. Schnuffel dringt nicht in ihr Territorium ein, also besteht auch kein Grund ihn zu verjagen oder sich aufzuregen. Deswegen liegen die beiden Kaninchen durch die Gitterstäbe getrennt beieinander.

Sie sollten die „Familienzusammenführung" unbedingt auf neutralem Boden stattfinden lassen. Wählen Sie einen Raum oder einen großen Auslauf auf dem Balkon oder im Garten, wo Bonny noch keine Gelegenheit hatte, Duftmarken zu hinterlassen. Dieses unmarkierte Gebiet gehört jetzt von Anfang an beiden Kaninchen. Bonny wird sich durch die fehlenden Duftmarken verunsichert fühlen. Wichtig ist, dass die beiden Kaninchen wirklich genug Platz haben, um sich gegenseitig aus dem Weg zu gehen und aus dem Sichtfeld des jeweils anderen zu verschwinden. Stellen Sie Pappkartons auf, aus denen Sie Eingangslöcher geschnitten haben, verteilen Sie Leckerbissen, Futter und Spielzeug. Das hilft den Kaninchen, positive Eindrücke vom jeweils anderen zu bekommen, denn sie verbinden die Gegenwart des anderen anschließend mit besonders interessanten Spielzeugen oder Leckerbissen.

Bonny wird Schnuffel sicherlich jagen und ihm nachsetzen. Solange das in geregelten Bahnen verläuft, sollten Sie die beiden einige Zeit gewähren lassen und nicht eingreifen, auch wenn Bonny sich nicht gerade freundlich verhält. Wenn sich die beiden aus dem Weg gehen können und Schnuffel aus Bonnys Sichtfeld verschwinden kann, wird Bonny ihre Aufmerksamkeit bald den Leckerbissen zuwenden. Selbst wenn Sie das Gefühl haben, es könnte besser klappen, wiederholen Sie diese Prozedur täglich, meistens gewöhnen sich die Tiere aneinander.

Zusätzlich können Sie Schnuffel, auch wenn es eklig klingt, mit etwas verschmutzter Streu, also mit Bonnys Kot und Urin, einreiben. Das lässt ihn vertraut riechen. Jemand, der wie ein Rudelmitglied riecht, weil er durch Duft, in diesem Fall Bonnys eigener Kot und Urin, markiert wurde, wird nicht so schnell als Eindringling verjagt. Nachts sollten die beiden auf jeden Fall getrennt untergebracht werden. Wenn die Familienzusammenführung gut funktioniert hat, können Sie auch versuchen, die beiden in einen Käfig zu setzen. Dabei gehen Sie im Prinzip genauso wie bei der Eingewöhnung an den Auslauf vor. Wahrscheinlich wird es ratsam sein, die Haltung in getrennten Käfigen beizubehalten, weil ein einzelner Käfig meist zu klein für zwei Kaninchen ist.

Selbst wenn sich die beiden relativ gut aneinander gewöhnt haben, kann es zwischendurch zu Rangeleien kommen. Vor allem in der Brunstsaison kann sich Bonny aggressiver und besitzergreifender gegenüber Schnuffel aufführen. Bei Schnuffel spielen die „Hormone" keine große Rolle, denn er ist kastriert. Es ist normal, dass es zwischen zwei oder mehreren Kaninchen Streit gibt. Dieser dreht sich um einen besonders begehrten Liegeplatz oder um einen Leckerbissen. Schreiten Sie bei kleineren Auseinandersetzungen nicht ein, sondern lassen Sie die beiden die Situation alleine klären. Nur wenn es eskaliert und ein Kaninchen blutende Bisswunden davonträgt, sollten Sie die beiden Raufbolde trennen.

Trommeln, kratzen, beißen: Gibt es SAISONBEDINGTE schlechte Laune?

Ich habe ein Problem mit Micky. Sie ist ein zwei Jahre altes Zwergkaninchen und lebt allein. Meine Kinder kümmern sich hauptsächlich um sie, reinigen den Käfig, füttern sie und spielen viel mit ihr. Sie ist ein sehr freundliches Kaninchen, lässt sich von allen auf den Arm nehmen und scheint richtig gerne mit den Kindern zusammen zu sein.

Was uns irritiert, ist, dass sich Micky manchmal seltsam verhält und wir uns nicht erklären können, warum. Ich habe schon die Kinder verdächtigt, dass sie sie fallen ließen oder ihr wehgetan haben. Micky lässt sich normalerweise gut aus dem Käfig nehmen und lässt auch den Käfig reinigen, sie scheint sogar interessiert dabei zuzusehen. Nur manchmal benimmt sie sich wie eine Furie, wenn wir ihren Käfig säubern oder sie aus dem Käfig holen wollen. Dann trommelt sie mit den Hinterläufen, kratzt und beißt, zieht sich schlecht gelaunt in ihr Schlafhäuschen zurück und ist nicht aus dem Häuschen zu locken. Das hält einige Tage an und dann ist sie plötzlich wieder die Alte. Woran könnte das liegen?

ANTWORT:

Es wäre interessant zu wissen, ob sich die Phasen der Verhaltensänderungen über das ganze Jahr erstrecken. Die einzig sinnvolle Erklärung für Mickys Verhalten ist, dass sie scheinträchtig ist. Sie sollten Micky in der aggressiven Phase genau beobachten. Versucht sie, Nester zu bauen? Die meisten scheinträchtigen Häsinnen scharren viel in ihrem Käfig, manche rupfen sich Fell an der Wamme oder am Bauch aus und polstern damit ihr Häuschen aus. Dieses Verhalten zeigen weibliche Kaninchen aber nur vom Frühjahr bis Herbst während der Fortpflanzungssaison.

Wird ein brünstiges Kaninchen nicht gedeckt, kann es zu so genannten Scheinträchtigkeiten kommen. Das Kaninchen zeigt Verhaltensmerkmale, die einem trächtigen Kaninchen sehr ähnlich sind und verteidigt seinen Käfig, was bei Micky offensichtlich der Fall ist. Normalerweise dauert eine Scheinträchtigkeit 18 Tage. Diese Zeitdauer kann individuell stark variieren. Diese Verhaltensänderung ist unangenehm, weil mit dem Kaninchen in dieser Zeit nicht viel anzufangen ist. Doch aus Sicht des Kaninchens verhält es sich völlig normal. Es verteidigt sein Nest und die Jungen. Man kann die Scheinträchtigkeit mit Medikamenten behandeln. Leider müssen die Medikamente täglich eingegeben werden, was bei einem sowieso „schlecht gelaunten" Kaninchen nicht sehr angenehm ist. Es wird vielfach behauptet, die Scheinträchtigkeiten würden verschwinden, wenn die Tiere Nachwuchs hatten. Das stimmt nicht und sollte Sie nicht dazu verleiten, Micky decken zu lassen, um das Problem abzustellen. Leider können Sie nichts unternehmen, um eine Scheinträchtigkeit zu vermeiden, außer Ihr Kaninchen kastrieren zu lassen.

ALTERSSTARRSINN
oder Zipperlein?
Wir haben ein richtig altes Methusalem-Kaninchen. Hoppel muss jetzt ungefähr 10 Jahre alt sein. Seit einiger Zeit beobachte ich, dass Hoppel, der früher sehr verschmust war, sich nicht mehr gern auf den Arm nehmen lässt, um ihn neben mich aufs Sofa zu setzen. Wir sehen schon seit Jahren miteinander die Tagesschau und Spielfilme, Hoppel ist die Flimmerkiste also gewöhnt. Bisher hat Hoppel sich ohne Probleme hochnehmen

lassen. Neuerdings sträubt er sich dagegen. Wenn ich ihn hochheben will, duckt er sich und wird ganz starr. Es kann auch sein, dass er beißt. Das hat er all die Jahre nie getan. Wieso verhält er sich plötzlich so merkwürdig? Was ich noch beobachtet habe: Er hoppelt nicht mehr so wie früher, sondern läuft ganz staksig. Kann es sein, dass ich ihm weh getan habe?

ANTWORT:
Hoppels Reaktion kommt wahrscheinlich dadurch zustande, dass er Schmerzen hat, wenn Sie ihn hochheben. Bei einem derart alten Kaninchen ist zu erwarten, dass die Gelenke nicht mehr so beweglich sind wie bei einem jüngeren Tier. Sie schrieben auch, dass er anders hoppelt als früher. Das deutet darauf hin, dass er nicht mehr so beweglich ist und vielleicht beißt er nur dann, wenn Sie ihm beim Hochheben wehtun. Auch die Tatsache, dass er sich manchmal zusammenkauert und duckt, deutet darauf hin, dass er Angst hat. Wahrscheinlich handelt es sich bei Hoppel um eine schmerzbedingte Reaktion, wenn er beißt. Versuchen Sie herauszufinden, mit welcher „Technik" sich Hoppel beim Hochheben am wohlsten fühlt und wenden diese möglichst immer an. Wenn Sie den Eindruck haben, Hoppels steifer Gang macht ihm zu schaffen, ist durchaus in Erwägung zu ziehen, Hoppel Schmerzmittel zu verabreichen. Heutzutage gibt es ein breites Spektrum an entzündungshemmenden und schmerzstillenden Medikamenten

auf dem Markt, die auch Kaninchen verabreicht werden können. Wir sollten vor allem bei alten Patienten darauf bedacht sein, sie bei guter Lebensqualität zu halten, anstatt darauf zu schielen, dass sie vielleicht einige Wochen länger leben. Wenn wir uns vorstellen, wie sehr uns anhaltende Schmerzen zermürben, sollten wir unseren Mitgeschöpfen die gleichen Rechte zuteil werden lassen und sie adäquat mit Schmerzmitteln versorgen, auch wenn ein Kaninchen Schmerzen nur wenig sichtbar zum Ausdruck bringt.

Lästiger Wecker: Wie stoppt man RANDALIERENDE Kaninchen?

Mein Kaninchen Max hat eine Angewohnheit, die mich um den Verstand bringt. Es scheint so, als hätte Max eine Uhr in seinem Käfig. Jeden Morgen um Punkt sieben fängt er an zu randalieren, wenn ich ihn bis dahin noch nicht gefüttert habe. Normalerweise stehe ich um sechs Uhr auf und versorge Max, bevor ich mich selber fertig mache. Leider veranstaltet Max diesen Terror auch, wenn ich ausschlafen kann oder Urlaub habe. Mich persönlich stört es nicht so sehr, aber seit kurzem habe ich einen neuen Freund, der Max zwar auch sehr gerne mag. Er ist jedoch der Meinung, dass ich mich nicht von meinem Kaninchen terrorisieren lassen sollte. Was soll ich tun und gibt es eine Möglichkeit, Max diese Angewohnheit auszutreiben?

ANTWORT:
Bei Max' Verhalten handelt es sich entweder um eine umgeleitete Aggression oder um ein Verhalten, das Ihre Aufmerksamkeit erregen soll. Max ist frustriert, wenn er nicht sofort das bekommt, was er will. In seinem Fall ist das das Füllen seiner Futterschüssel oder die morgendliche Zuwendung. Da er seinen Frust nicht an Ihren Füßen aus-

lassen kann, indem er Sie beißt, muss der Käfig daran glauben. Deshalb gräbt er seinen Käfig um oder rüttelt an den Gitterstäben. Das Problem ist, dass Sie Max unbewusst für sein „Fehlverhalten" belohnt haben. Sobald er anfängt zu randalieren, laufen Sie, damit er aufhört. Das ist von Max schlau gedacht und er hat Sie gut erzogen. Nun leidet aber Ihre neue Partnerschaft unter Max' Randale und es gilt, dieses Verhalten wieder abzugewöhnen.

Im Grunde gibt es für Sie nur eine Möglichkeit: Ignorieren Sie sein Verhalten und lassen Sie Max in seinem Käfig randalieren, bis ihm die Puste ausgeht. Da sein Verhaltensproblem mit Krach verbunden ist, sollten sie vorübergehend nachts seinen Käfig in den Keller oder in einen Raum stellen, wo er Sie nicht wecken kann. Das bedeutet natürlich, dass es für Max morgens keine Leckerbissen mehr gibt. Aber machen Sie sich keine Sorgen, solange er Heu im Käfig hat, wird er nicht verhungern. Zukünftig dürfen Sie ihn nur dann füttern oder sich ihm zuwenden, wenn er friedlich in seinem Käfig sitzt. Er wird schnell merken, dass ihm die Randale nicht mehr weiter hilft.

Sie können sich auch einen kleine Wasserpistole oder einen Blumensprüher besorgen und Max beim Randalieren nass spritzen. Dabei können Sie gleichzeitig laut Nein oder Pfui oder etwas ähnliches sagen. Wichtig ist allerdings, dass Sie immer das gleiche Wort benutzen. Kaninchen mögen es überhaupt nicht nass gespritzt zu werden. Es kann allerdings sein, dass Max ein besonders hartnäckiger Fall ist und regelmäßig ein Vollbad in seinem Käfig nehmen muss, bis das Problem behoben ist.

Kinderfreund und MÄNNERFEIND?

Auf Drängen unserer Kinder haben wir uns vor kurzem zwei Kaninchen gekauft. Es sind zwei kastrierte Rammler aus dem Tierheim, die ungefähr zwei

Jahre alt sind. Sie wurden zusammen abgegeben und sind aneinander gewöhnt. Der einzige, der gegen die Anschaffung der beiden war, ist mein Mann und er ist leider auch der einzige, der Probleme mit den beiden hat. Bugs und Bunny sind zwei niedliche Kerle, die sehr zutraulich sind. Sie lassen sich problemlos hochnehmen, sind sehr verschmust und meine beiden sechsjährigen Zwillinge haben viel Spaß mit ihnen. Auch ich komme gut mit den beiden klar. Sie lassen sich von mir füttern, ich kann den Käfig reinigen und sie fressen mir förmlich aus der Hand.

Nur bei meinem Mann ist es anders. Von ihm lassen sich die beiden überhaupt nicht anfassen. Wenn sie frei laufen, rennen sie vor ihm davon und wenn er seine Hand in den Käfig steckt, um ihnen einen Stängel Petersilie anzubieten, haben sie ihn sogar schon gebissen. Es scheint so, als ob die beiden wissen, dass mein Mann keine Haustiere mag und gegen die Anschaffung der Kaninchen war. Nun leidet unser Familienfrieden unter dem Zustand. Dabei hat sich mein Mann Mühe gegeben, freundlich zu Bugs und Bunny zu sein, doch die beiden scheinen ihn nicht zu mögen.

ANTWORT:
Bugs und Bunny scheinen sich vor ihrem Mann zu fürchten und reagieren deshalb aggressiv. Das nennt man Angstaggression. Eigentlich ist ein Kaninchen eher ein Angsthase, der bei Gefahr davonläuft, das ist im Käfig schlecht machbar. Wahrscheinlich haben die beiden schlechte Erfahrungen mit Männern gemacht. Tiefe Stimme, schwere Schritte, meistens sprechen Männer auch lauter als Frauen, das alles ist den Kaninchen unangenehm. Jetzt muss man sich natürlich fragen, warum das so ist. Entweder hatten die beiden in ihrer Prägungsphase keinen oder nur wenig Kontakt mit Männern oder sie machten schlechte Erfahrungen mit Männern und reagieren deshalb aggressiv. Das Problem ist jedoch lösbar, erfordert aber viel Geduld

und vor allem den Einsatz Ihres Mannes. Besorgen Sie sich einen Holzstab und befestigen Sie an einem Ende eine weiche Babybürste. Mit dieser Konstruktion soll Ihr Mann den Kaninchen sanft über den Kopf streicheln und gleichzeitig die Lieblingsleckerbissen hinwerfen. Dazu eignen sich Petersilienstängel am besten, denn die meisten Kaninchen mögen Petersilie. Am besten nimmt man diese Prozedur im Auslauf vor. Anfangs werden Bugs und Bunny sicherlich in die Bürste beißen. Sie werden jedoch schnell begreifen, dass es nichts nützt. Selbst wenn sie in die Bürste beißen, soll Ihr Mann mit dem Streicheln fortfahren und dabei mit sanfter Stimme sprechen. Es ist sinnvoll, wenn er dabei immer dasselbe Wort benutzt wie Streicheln oder Schmusen. Er soll vor allem den Kopf der Kaninchen streicheln. Nach einiger Zeit kann man den Holzstab verkürzen und später ganz auf ihn verzichten. Das sollte Ihr Mann mehrmals am Tag wiederholen. Später kann die Babybürste durch seine Hand ersetzt werden. Das erfordert natürlich etwas Geduld, aber mit dieser Methode wird Ihr Mann sicherlich zum Ziel kommen. Sie sollten auch versuchen Ihrem Mann zu erklären, dass Bugs und Bunny nichts gegen ihn persönlich haben, sondern dass ihr Verhalten wahrscheinlich durch den fehlenden Männerkontakt während ihrer Prägungsphase bedingt ist.

Wer ist hier der Chef?

Kaninchen sind Rudeltiere. Auch wenn sie zu zweit oder alleine leben, wird ihr Rudel vom Menschen ersetzt. In einem Rudel gibt es eine klare Hierarchie, an die sich die Kaninchen halten oder versuchen, diese durch Rangordnungskämpfe zu verändern. Nun ist es nicht so, dass diese Hierarchie für immer und ewig bestehen bleibt, sondern kann sich im Laufe des Lebens verändern. Deshalb kann es

zu Auseinandersetzungen zwischen Kaninchen kommen, die sich über lange Zeit gut verstanden haben. Das Verhalten ist normal, und wir sollten nach Möglichkeit nicht eingreifen. Endet es allerdings mit blutigen Bisswunden, müssen wir die Situation klären oder beenden. Häufig haben wir Mitleid mit dem unterlegenen Tier und versuchen beide Kaninchen gleich zu behandeln, um gerecht zu sein. Aus Sicht eines Rudeltieres ist die Situation sehr unbefriedigend, denn es ist so, dass das dominante Tier gewisse Vorrechte hat. Der Chef darf zuerst fressen, nimmt sich die besonders leckeren Sachen aus der Futterschüssel und rammelt auf dem subdominanten Tier, selbst wenn es sich um ein weibliches Kaninchen handelt.

AUFREITEN: Ist die Häsin doch ein Rammler?

Ich habe zwei Kaninchen, die ich als Jungtiere in einem Zoogeschäft gekauft habe. Es sind zwei Häsinnen, die Geschwister sein sollen. Inzwischen bezweifeln wir, ob das wirklich stimmt. Thelma und Louise haben sich sehr unterschiedlich entwickelt. Thelma ist wesentlich größer und schwerer als Louise und seit neustem rammelt sie (er?) immer auf Louise herum. Die beiden sind jetzt ein knappes Jahr alt und haben dieses

Verhalten zuvor nicht gezeigt. Außerdem jagt Thelma Louise neuerdings durch den Käfig, während Louise vor ihr davonrennt und sich im Häuschen versteckt. Wir haben jedoch noch nie gesehen, dass Louise die Rammelei akzeptiert und sind jetzt etwas verunsichert, ob Thelma nicht doch ein Rammler ist. Wenn sie ein er ist, ist es natürlich klar, wo dieses Verhalten her kommt, was aber, wenn es doch eine Häsin ist? Wie stellen wir dieses Verhalten ab?

ANTWORT:
Zuerst sollten Sie feststellen, ob Ihre Vermutung stimmt. Bei einem Kaninchen mit fast einem Jahr müssten Sie die Hoden bei einem Rammler gut erkennen. Die Hoden sind zwei längliche, meist schütter behaarte Gebilde, die sich am Bauch neben der Geschlechtsöffnung befinden. Das Problem ist, dass Kaninchen ihre Hoden gut in die Bauchhöhle ziehen können und das meistens dann tun, wenn wir sie umdrehen, um nachzusehen. Wenn Sie sich unsicher sind, suchen Sie Ihren Tierarzt oder einen Kaninchenzüchter auf und lassen Sie einen Fachmann feststellen, welches Geschlecht Thelma und Louise haben. Wenn Thelma ein Rammler ist, sollten Sie ihn/sie kastrieren lassen, damit Sie nicht bald einen Stall voller Kaninchen haben. Mit einem Jahr sind die beiden bereits in der Lage sich fortzupflanzen und selbst wenn Sie keinen Deckakt beobachtet haben, heißt das leider nicht, dass noch nichts passiert ist. Der eigentliche Deckakt ist eine kurze Angelegenheit und da Sie sicher nicht ständig vor dem Käfig sitzen, kann es bereits zu einer Befruchtung gekommen sein.

Wenn Thelma jedoch tatsächlich eine Häsin ist, lässt ihr Verhalten auf geschlechtsgebundenes Dominanzverhalten schließen. Der Chef darf den Untergebenen berammeln, selbst wenn der Chef weiblich ist. Falls das Dominanzverhalten schlimmer wird und Louise nur noch von Thelma unterdrückt wird, sollten Sie sich überlegen, Thelma kastrieren zu lassen. Dieser Eingriff ist beim weiblichen Tier zwar wesentlich aufwändiger als bei Rammlern, kann aber dennoch durchgeführt werden. In Deutschland werden weibliche Kaninchen bisher nur sporadisch kastriert, weil viele Tierärzte wenig Erfahrung damit haben.

Das geschlechtsgebundene Dominanzverhalten zwischen zwei weiblichen Kaninchen kann ein echtes Problem sein und um zu vermeiden, die Tiere lebenslang trennen zu müssen, sollten Sie eine Operation abwägen. In anderen Ländern, z. B. in Amerika, werden weibliche Kaninchen routinemäßig kastriert, um diesem Verhalten vorzubeugen. Angenommen, Thelma ist eine Häsin und Sie lassen sie kastrieren, kann es Ihnen allerdings passieren, dass nach der Operation die ganze Sache von vorne losgeht und zwar umgekehrt. Ein unkastriertes Tier ist einem Kastraten gegenüber immer dominanter und es kann sein, dass Ihre Kaninchen den Spieß umdrehen und Louise zukünftig Thelma jagt und sie berammelt. Deshalb wäre es die beste Maßnahme, beide Tiere kastrieren zu lassen. Geschlechtsgebundenes Dominanzverhalten ist unter Häsinnen ausgeprägter als unter Rammlern und kann dazu führen, dass die Tiere üble Bissverletzungen davontragen. Sie können die Sache entschärfen, falls Sie sich nicht zu einer Operation entschließen. Die Lösung lautet Platz. Wenn Kaninchen ausreichend Platz haben, um sich aus dem Weg zu gehen, werden die Attacken meistens milder und die Tiere verstehen sich besser. Ein herkömmlicher Kaninchenkäfig ist für zwei Tiere oftmals zu klein. Sie sollten deshalb überlegen, die beiden entweder draußen, in einem wirklich großen Auslauf zu halten, oder einen zweiten Käfig anzuschaffen, wohin sich die Tiere vorübergehend zurückziehen können. Jedes Kaninchen sollte zudem über ein eigenes Häuschen verfügen. Wenn Thelma größer ist als Louise, können Sie für Louise ein Häuschen kaufen oder anfertigen, durch dessen Öffnung die große dicke Thelma nicht passt, und in dem Louise sicher ist.

Wahre **FREUNDE**: Sollen Meerschweinchen und Kaninchen getrennt werden?

Wir besitzen ein Kaninchen und ein Meerschweinchen, die schon seit einiger Zeit zusammenleben. Jetzt haben wir gehört, dass das Kaninchen das Meerschweinchen totbeißen kann und wir die beiden trennen sollten. Eigentlich verstehen sich Mrs. Murphy, das Meerschweinchen, und Ricco, das Kaninchen, gut. Sie fressen zusammen, kuscheln miteinander, laufen im Auslauf zusammen und liegen auch im gleichen Häuschen und schlafen. Wir haben nicht den Eindruck, dass Mrs. Murphys unter Riccos Anwesenheit leidet oder dass Ricco gemein zu ihr ist. Allerdings hatte Ricco als junges Kaninchen Frühlingsgefühle und hat Mrs. Murphy bestiegen, deshalb haben wir ihn kastrieren lassen. Meine Frage ist nun: Müssen wir die beiden wirklich trennen? Denn wir wollen auf gar keinen Fall riskieren, dass Mrs. Murphy irgendwann tot im Käfig liegt.

ANTWORT:

Es ist tatsächlich richtig, dass man von der Meinung abgekommen ist, man könne Meerschweinchen und Kaninchen problemlos zusammen halten. Mittlerweile wissen wir, dass Meerschweinchen und Kaninchen völlig verschiedenen Gattungen angehören und sich nicht viel zu sagen haben. Das soll Sie jedoch nicht dazu verleiten, eine bestehende Freundschaft zu trennen. Sie haben schon einen großen Schritt getan, indem Sie Ricco kastrieren ließen. Vor allem Rammler bedrängen Meerschweinchen häufig und fügen ihnen üble Bissverletzungen zu, wenn sie ihnen beim vermeintlichen Deckakt ins Genick beißen.

Auch hier ist Platz der ausschlaggebende Faktor. Die beiden müssen trotz aller Zweisamkeit genug Platz haben, um sich aus dem Weg gehen zu können. Sie sollten für Mrs. Murphy auf jeden Fall ein Häuschen besorgen, dessen Öffnung groß genug für das Meerschweinchen aber zu klein für das Kaninchen ist. So kann sich Mrs. Murphy zurückziehen, wenn ihr der Kontakt mit dem Kaninchen zu viel wird. Ansonsten würde ich an der Situation, die für beide Tiere offensichtlich in Ordnung ist, nichts ändern.

Abartiges Verhalten oder LIEBESBEWEIS?

Ich habe seit längerem ein Kaninchen namens Fat Boy. Er ist ein imposanter Rammler und ich glaube, dass er gar kein echtes Zwergkaninchen ist, weil er so groß und schwer wurde. Fat Boy und ich leben alleine und verstehen uns sehr gut. Da wir viel Zeit miteinander verbringen und ich ihm fast meine gesamte Freizeit widme, ist er mir sehr ans Herz gewachsen. Er hat sich neuerdings eine Macke zugelegt, die ich gar nicht witzig finde. Fatty scheint mich dafür zu bestrafen, wenn ich ins Kino gehe oder mich abends mit Freunden treffe. Da er immer frei in der Wohnung laufen darf, weil er die Kaninchentoilette benutzt und zum Schlafen freiwillig in seinem Käfig verschwindet, kann er seiner neuen Leidenschaft ungehindert nachkommen. Wenn ich mich umgezogen habe und ausgehfertig bin, pinkelt er mich an. Er dreht sich ganz schnell um und besprüht mich mit Urin. Das bedeutet, dass ich eine neue Hose anziehen und versuchen muss, möglichst unauffällig an ihm vorbeizukommen, um nicht wieder vollgepinkelt zu werden. Er macht das nur bei mir und nicht bei Freunden, mit denen ich zusammen weggehen will. Ich habe, nachdem es anfing, versucht, ihn in seinen Käfig zu sperren, bevor ich wegging. Das ist mir auch einige Male gelungen und ich konnte unbepinkelt das Haus verlassen. Jetzt scheint er den Braten zu riechen und lässt sich nicht mehr einfangen. Trotz seiner Größe und Leibesfülle ist er schnell und wendig. Was will er mit diesem absonderlichen Verhalten bezwecken und vor allem, wie kann ich ihm das wieder abgewöhnen?

ANTWORT:

Fattys Verhalten ist der schönste Liebesbeweis, den ein Rammler zu vergeben hat – so wie ein Strauß roter Rosen. Er zeigt eindeutig geschlechtsgebundenes Dominanzverhalten, das eng mit dem Sexualtrieb gekoppelt ist. In Ermangelung einer Partnerin hat er Sie als das Objekt seiner Begierde ausgewählt und markiert Sie mit Urin, um anderen (natürlich nicht vorhandenen) Rammlern zu demonstrieren: Seht her, das ist meine Frau.

Warum er das ausgerechnet dann macht, wenn Sie ausgehen wollen, hat mit einer Bestrafungsaktion seinerseits nichts zu tun, obwohl man es fast glauben könnte. Ich denke, es liegt eher daran, dass Ihre Ausgehklamotten frisch gewaschen sind, ungewohnt riechen und er sie deshalb markieren muss. Vielleicht liegt es auch daran, dass Sie selbst beim Ausgehen anders riechen, z. B. nach Deospray oder Parfüm und Fat Boy findet, dass dieser Geruch unbedingt übertönt werden muss. Dieses Urinspritzen ist ein Verhalten, das gewöhnlich nur von dominanten Männchen gezeigt wird, in manchen Fällen aber auch von dominanten Weibchen. Das ist natürlich sehr unangenehm, weil Kaninchenurin für uns Menschen nicht besonders betörend riecht und Flecken hinterlässt. Ich fürchte, die einzige Lösung für Ihr Problem ist Fattys Kastration. Man kann ein Kaninchen übrigens in jedem Alter kastrieren, auch wenn die Tiere schon älter sind. Sie sollten ihn schnellstmöglich kastrieren lassen, denn manchmal trennen sich die Herren nur sehr ungern von lieb gewordenen Gewohnheiten. Ich will damit sagen, dass es keine Garantie gibt, dass dieses Verhalten aufhören wird, es ist jedoch sehr wahrscheinlich.

Die andere Möglichkeit wäre, Fatty mit einigen Leckerbissen in die Küche zu locken und ihn dort für die Dauer ihrer Abwesenheit einzusperren wenn er sich nicht fangen lässt.

Die Kastration ist für einen Rammler übrigens weitaus weniger schlimm als wir glauben. Dem Rammler fehlt nach dem Eingriff, das Bewusstsein, dass er keine Hoden hat. Er läuft also nicht mit eingezogenem Genick durch die Gegend und denkt: Ich Armer, ich kann jetzt nicht mehr. Ich beobachte immer wieder, dass vor allem männliche Familienmitglieder Bedenken haben. Egal, ob es sich dabei um ein Meerschweinchen, einen Hamster oder ein Kaninchen handelt. Sie übertragen dabei eigene Ängste auf das Tier.

MEERSCHWEIN-HÜPFBURG: Warum kraxeln die Meerschweinchen auf dem Kaninchen herum?

Ich höre immer wieder, dass man Meerschweinchen und Kaninchen nicht zusammen halten soll, weil Meerschweinchen von Kaninchen gebissen werden. Bei uns ist es genau umgekehrt. Wir haben ein Zwergkaninchen und zwei Meerschweinchen, die zusammen in einem großen Gehege leben. Ich habe das Gefühl, dass sie ganz zufrieden sind, doch die Meerschweinchen benutzen das Kaninchen als Hüpfburg. Sie klettern ständig auf ihm herum und sitzen auf seinem Rücken. Komischerweise wehrt sich das Kaninchen nicht und bleibt ganz ruhig sitzen. Was mich an der Sache stört, ist, dass die Meerschweinchen dem Kaninchen die

Haare auf dem Rücken abfressen, so dass es schon kahle Stellen bekommen hat. Die Haut wird dabei nicht verletzt. Kann ich etwas dagegen unternehmen, dass die Meerschweinchen das Kaninchen rasieren? Ich möchte die drei nicht trennen, denn sie scheinen sich ganz gerne zu mögen.

ANTWORT:
Zunächst einmal sollten Sie die Vitamin- und Mineralstoffversorgung Ihrer Meerschweinchen überprüfen. Sie sollten sicherstellen, dass sie ein zusätzliches Vitaminpräparat mit dem Futter oder über die Tränke aufnehmen, denn das Verhalten kann mit einer Vitaminmangelsituation zusammenhängen. Offensichtlich macht es Ihrem Kaninchen Spaß als Klettergerüst benutzt zu werden, sonst würde es nicht ruhig sitzen bleiben, wenn die Meerschweinchen auf ihm herumturnen. Ich kann jedoch verstehen, dass Sie die neue Frisur Ihres Kaninchens nicht besonders schätzen. Es wird allerdings schwierig werden, die Meerschweinchen davon abzuhalten, dem Kaninchen an den Haaren zu zupfen. Häufig ist es hilfreich, wenn man die betroffene Stelle mit einer übel riechenden Substanz behandelt. Sie können dazu eine Paste für Pferde verwenden. Sie ist in Reitgeschäften erhältlich und wird auf Zäune gestrichen, die die Pferde nicht anknabbern sollen. Sie schmeckt scheußlich, ist aber ungefährlich. Alternativ dazu können Sie es mit Curry-Paste, Tabasco oder ähnlichem probieren.

Warum machen Kaninchen Sachen kaputt?

Das, was wir als Zerstörungswut bezeichnen, ist meistens ein völlig normales Kaninchenverhalten und umso schwerer, den Tieren abzugewöhnen. Leider haben Menschen und Kaninchen unterschiedliche Ansichten von Raumdekoration oder der Schönheit eines Holzfensterrahmens. Auch die Gestaltung des Gartens kann Anlass zu Diskussionen geben. Bevor wir uns ein Kaninchen kaufen, sollten wir uns darüber im Klaren sein, dass unsere Wohnung aller Wahrscheinlichkeit nach gewisse Veränderungen aufweisen wird, was die Inneneinrichtung betrifft. Das Gleiche gilt für einen liebevoll gepflegten englischen Rasen oder sorgsam angelegte Beete mit Zierblumen. Es erfordert von beiden Seiten Toleranz mit einem Kaninchen, respektive einem Mensch zusammenzuleben. Wobei ich nicht sagen will, dass man einem Kaninchen nicht gewisse Dinge abgewöhnen kann. Sollte ein bestimmtes Verhalten jedoch im genetischen Code festgelegt sein, wird es viel schwerer, ihm das Verhalten abzugewöhnen. Vielfach müssen wir Kompromisse eingehen.

ZÄHNE contra TISCHBEIN: Wie schützt man Antiquitäten vor Nagezähnen?

Meine Kinder wünschen sich ein Haustier und jetzt hat der Familienrat beschlossen, zwei Kaninchen anzuschaffen. Wir waren auch schon bei einem Züchter und haben zwei kleine Rotaugenhermeline ausgesucht, die wir in einigen Wochen abholen werden. Nun habe ich Bedenken, die beiden in unserer Wohnung laufen zu lassen, denn Kaninchen benagen gerne Holz. Unsere Wohnungseinrichtung besteht im Wesentlichen aus wertvollen, antiken Möbeln, die in unserer Familie schon seit Generationen weitervererbt werden. Ich möchte auf keinen Fall riskieren, dass die beiden Möbel annagen. Wie kann ich verhindern, dass meine Möbel den Kaninchenzähnen zum Opfer fallen? Andererseits möchte ich die Kaninchen auch nicht nur im Käfig einsperren, denn die beiden brauchen Bewegung.

ANTWORT:
Ihre Urahnen würden sich wahrscheinlich im Grabe umdrehen, wenn sie wüssten, dass Sie beabsichtigen, Ihre Wohnung mit zwei Kaninchen zu teilen. Nicht wegen der Gefahr der Möbelzerstörung, sondern wahrscheinlich aus Unverständnis darüber, wie man freiwillig mit Tieren zusammenleben kann, die in einem Stall wohnen. Daran sieht man, wie sich das Verhältnis zwischen Menschen und Tieren innerhalb von wenigen Jahren gewandelt hat.
Sie haben prinzipiell zwei Möglichkeiten Ihre Möbel vor Schaden zu bewahren. Die erste und weniger aufwändigere: Lassen Sie die Kaninchen nur dort frei laufen, wo keine antiken Möbel gefährdet sind, z. B. im Kinderzimmer, in der Küche oder im Keller. Kommt diese Lösung für Sie nicht in Frage, hätte ich noch eine zweite, jedoch wesentlich aufwändigere, anzubieten.
Umwickeln Sie alle Stuhl- und Tischbeine oder Möbelteile, die in Gefahr sind, mit Plastikfolie und Baumwolltüchern. Die Baumwolltücher werden mit Geruchsspray getränkt, das Katzen fernhalten soll. Das wiederholen Sie immer wieder, um den Geruch aufzufrischen. Ihre Wohnung sieht eine Zeit lang etwas bizarr aus. Wenn die beiden Kaninchen Freilauf haben, müssen Sie die beiden genau beobachten. Sobald sie sich einem Tischbein nähern und versuchen, daran zu nagen, rufen Sie laut Nein oder Pfui. Benutzen Sie dabei immer das gleiche Wort. Zusätzlich können sie den kleinen Übeltäter mit einem Wasserstrahl aus einer Wasserpistole oder einem Blu-

mensprüher nass spritzen. Das Problem ist, dass Sie das unerwünschte Verhalten sehr konsequent und **immer** bestrafen müssen. Das bedeutet, dass Sie wie ein Luchs aufpassen müssen. Kaninchen können nicht verstehen, warum es Ausnahmen von einer Regel gibt. Das Möbelumwickeln und Einsprühen muss so lange beibehalten werden, bis die beiden das Interesse an den Möbeln verloren haben. Neben diesen Erziehungsmaßnahmen ist es natürlich sehr hilfreich, wenn Sie beiden Beschäftigungsprogramm bieten.

Fragwürdige Deko: Warum zieht unser Kaninchen TAPETENSTREIFEN von der Wand?

Unser Kaninchen Piggeldi lebt hauptsächlich im Zimmer unserer Tochter. Dort hat er seinen Käfig unter ihrem Schreibtisch stehen und leistet ihr Gesellschaft. Jetzt ist sie aus ihrem Kleinkinderzimmer herausgewachsen und wir wollen ihr Zimmer renovieren. Das bedeutet allerdings, dass wir Piggeldi das Tapetenfressen abgewöhnen müssen. Das Kinderzimmer sieht ziemlich mitgenommen aus, nicht zuletzt deshalb, weil Piggeldi bis auf ca. 50 cm Höhe sämtliche Tapeten abgefressen hat. Bisher hat uns das nicht sonderlich gestört. Meine Tochter möchte jetzt jedoch ein „erwachsenes", sauberes Zimmer. Nun befürchte ich, dass Piggeldi sich mit Wonne auf neue Tapeten stürzen wird, um sein Zerstörungswerk von neuem zu beginnen. Wie können wir Piggeldi das Tapetenfressen abgewöhnen?

ANTWORT:
Im Grunde ist das Tapetenfressen ein normales Verhalten. Kaninchen benagen in ihrer Umgebung alles, um zu erkunden, ob es fressbar ist oder nicht. Wahrscheinlich setzen sie mit dem Benagen Markierungen. Außerdem scheinen viele Kaninchen Geschmack am

Tapetenkleister zu finden, der süßlich schmeckt. Für Piggeldi ist das Tapetefressen in doppelter Hinsicht lohnenswert. Zum einen kann er sein Revier benagen und zum anderen schmeckts auch noch gut. Es wird schwierig, ihm das wieder abzugewöhnen. Eine Möglichkeit besteht darin, die Wände bis auf Pigeldis Höhe mit Plexiglasabdeckungen zu versehen. Das sieht zwar nicht so dekorativ aus, wird ihn jedoch davon abhalten, die Tapete anzufressen. Außerdem hat diese Methode den Vorteil, dass Möbelteile, die an der Wand anstoßen, nicht zu Beschädigungen führen. Wenn Sie ihm das Verhalten abgewöhnen wollen, gehen Sie wie beim Möbel anfressen vor (S. 102/103).

Wie kann man BUDDEL-BEGEISTERTE Kaninchen mit englischen Rasen vereinbaren?

Wir sind vor kurzem umgezogen und haben unser Kaninchen Jasper mitgenommen. Jasper ist ein Überbleibsel unserer Kinder, die inzwischen ausgezogen sind. Jasper ist uns erhalten geblieben. Da wir einen großen Garten besitzen, haben wir Jasper einen Auslauf gebaut, damit er an die frische Luft kommt und Gras fressen kann. Unser lethargischer Jasper ist richtig aufgeblüht und rennt wie ein Wilder in seinem Auslauf herum, schlägt Haken und scheint sich richtig zu freuen. Das einzige Problem ist, dass er offensichtlich einen großen Freiheitsdrang entwickelt hat. Jasper gräbt trotz seines fortgeschrittenen Alters die tollsten Tunnel und das in affenartiger Geschwindigkeit. Einerseits haben wir Angst, dass er irgendwann durch einen Tunnel verschwindet und sich verläuft. Andererseits hat mein Mann sehr viel Mühe auf die Pflege unseres schönen Rasens verwendet, den Jasper zerstört. Mein Mann freut sich gar nicht über Jaspers neue Aktivitäten. Ich möchte ihm aber gerne weiter seinen Auslauf ermöglichen, da er sichtlich aufgeblüht ist, seit er regelmäßig in den Garten darf. Wie kann ich Jasper daran hindern, dauernd neue Tunnel zu graben und meinen Mann zufrieden stellen, der viel Wert auf seinen gepflegten Rasen legt? Andererseits möchte ich Jasper auch gerne die Möglichkeit geben zu buddeln, da das offensichtlich sein neues Hobby ist.

ANTWORT:

In ihrer Familie gehen die Interessen gewaltig auseinander, aber es gibt eine Lösung. Statten Sie Jaspers Auslauf mit einer Maschendrahtunterlage aus. Am besten eignet sich Hühnerdraht, dessen Maschen relativ eng sind und Jasper am Buddeln hindern werden. Der Draht lässt sich leicht an der Unterseite des Auslaufs befestigen. Beobachten Sie Jasper genau, denn er wird sicher weiter versuchen zu buddeln. Die Gefahr besteht, dass er mit einer Kralle in den Maschen hängen bleibt und sich verletzt. Er wird jedoch schnell merken, dass die Buddelzeit im Auslauf zu Ende ist. Durch den Draht wächst das Gras hindurch und Jasper kann fressen. Um nicht einen frustrierten Jasper zu hinterlassen, stellen Sie ihm ein Buddelgelände zur Verfügung. Dazu besorgen Sie sich eine Schale oder stellen Sie ihm eine Mini-Kindersandkiste auf. Sie sollte einen halben Meter tief sein und eine Seitenlänge von ungefähr zwei Metern haben. Sie wird mit ei-

ner Mischung aus Sand und Erde gefüllt. Darin kann sich Jasper nach Herzenslust austoben und seiner neuen Leidenschaft nachgehen. Vor allem im Sommer mögen Kaninchen Sandkisten gerne, denn sie buddeln sich eine Kuhle und legen sich hinein, um sich abzukühlen. Außerdem können Sie diese Sandkiste mit Tonröhren dekorieren, in die sich Jasper zurückziehen kann. Auf diese Weise sind alle Familienmitglieder einschließlich Jasper zufrieden.

TEPPICH in Fransen: Wie konnte unser Kaninchen unbemerkt den Teppich durchlöchern? Zu unserem Entsetzen haben wir festgestellt, was unser Kaninchen Morris unter der Eckbank getrieben hat. Er zog sich immer so gerne unter die Eckbank zurück und wir dachten, er würde es als Höhle betrachten. Schön dunkel, unerreichbar für die anderen und trotzdem konnte er ins Geschehen eingreifen, wenn er wollte. Beim Frühjahrsputz, der auch unter der Eckbank stattfand, musste ich feststellen, dass Morris den Teppichboden unter der Eckbank zerstört hat. Er hatte ihn zerkratzt und vielleicht auch gefressen. Verdauungsstörungen hat er jedenfalls nicht bekommen, denn er macht ansonsten einen ganz gesunden

Eindruck. Wie konnte er das bloß schaffen, ohne dass wir etwas gemerkt haben? Wie halte ich ihn davon ab sein Werk fortzusetzen, wenn der Teppich ausgebessert ist?

ANTWORT:
Morris ist seinem angeborenen Instinkt zu graben nachgegangen. Da er keine Tunnel bauen kann, musste er sich anderweitig behelfen und hat den Teppich zerstört. Aus seiner Sicht ein völlig normales Verhalten, das Sie auf keinen Fall bestrafen sollten. Aber ich kann verstehen, dass Sie der weiteren Zerstörung Ihrer Wohnung Einhalt gebieten wollen. Zuerst sichern Sie die Eckbank ab, so dass er sich nicht mehr zurückziehen kann, um heimlich zu buddeln. Da Kaninchen gerne graben, sollten Sie ihm die Möglichkeit geben, dies in geordneten Bahnen zu tun. Dazu können Sie ihm eine große Holzkiste zur Verfügung stellen, die Sie mit Teppich auslegen oder auskleben und mit Stroh füllen. Darin kann er sich austoben. Noch schöner wäre natürlich eine Kaninchensandkiste, doch bei seinen Grabungen fliegt der Dreck durch die Wohnung. Sie können ihm eine teppichbezogene Wand zwischen zwei Möbelstücken bauen, in die er dann nach Herzenslust ein Loch graben kann, um sich wie in einem Tunnel zu fühlen.
Kaninchen müssen bei ihren Grabungsaktivitäten nicht zwangsläufig Krach machen. Wenn wir bedenken, dass sie zu den Beutetieren gehören und es für sie überlebenswichtig ist leise zu sein, um keine Feinde anzulocken, ist es verständlich, dass Sie Morris nicht gehört haben. Außerdem sind Kaninchen ausgesprochen fixe Buddler. Ein Loch in einen Teppich zu scharren, geht in Null Komma nichts, ohne dass wir etwas mitbekommen. Außerdem haben Kaninchen äußerst scharfe Krallen. Jeder, der von einem Kaninchen gekratzt worden ist, kann das bestätigen. Die kräftigen Vorderpfoten mit den Krallen sind sehr effiziente Grabungswerkzeuge, über die jeder Archäologe froh wäre.

MERKWÜRDIGE LECKERBISSEN: Warum frisst mein Kaninchen Gummidichtungen?

Unser Kaninchen Schnuffi hat die unangenehme Eigenschaft Sachen zu fressen, die nicht als Kaninchennahrung gedacht sind. Er hatte deswegen auch schon üble Verdauungsstörungen, die der Tierarzt behandeln musste. Wenn er Freilauf hat und wir nicht aufpassen, frisst er Teppichfransen, Gummiabdichtungen an den Fliesen, Zeitungen, Zierleisten und anderes Mobiliar. Er bekommt genug zu fressen, ist ganz wild auf sein Kaninchenmüsli und mag gerne Joghurt-Drops und Leckerstangen. Gesundes Gemüse ist nicht sein Fall und Heu frisst er auch nur wenig. Er macht jedoch einen gesunden Eindruck, hat klare Augen, ein glänzendes Fell und putzt sich ausgiebig. Warum frisst er diese merkwürdigen Sachen? Ich dachte bisher immer, Kaninchen hätten einen natürlichen Instinkt dafür, was gut für sie ist und was nicht. Das scheint bei Schnuffi nicht der Fall zu sein. Kann dieses Fressverhalten eine Mangelerscheinung sein?

ANTWORT:

Es gibt mehrere Faktoren, die zu Schnuffis merkwürdigem Verhalten führen können. Vermutlich ist es keine Mangelerscheinung sondern eher Langeweile bei gleichzeitiger Überfütterung. Manchmal zeigen Kaninchen dieses Verhalten auch, wenn sie einen Fremdkörper wie z. B. Haarballen im Magen haben, den sie wieder loswerden wollen. Sie sollten abklären, ob Schnuffi tatsächlich ein Haarballproblem hat. Zu diesem Zweck wird Ihr Tierarzt eine Röntgenaufnahme anfertigen oder eine Ultraschalluntersuchung durchführen. Abgesehen davon nehme ich an, dass sich Schnuffi langweilt und zu viel Futter bekommt. Wahrscheinlich ist Schnuffi eher übergewichtig. Kaninchen nehmen über den Tag verteilt ständig kleine Futtermengen zu sich, weil sie mit einer recht nährstoffarmen Diät auskommen müssen und ihr Verdauungssystem ständig arbeitet. Sie schreiben, dass Schnuffi gerne leckere Sachen frisst, auch sein Kaninchenmüsli. Vermutlich meinen Sie es zu gut mit ihm. Mit der nährstoffreichen Nahrung stellt sich schnell ein Sättigungsgefühl ein. Daher frisst er ungern Heu und Gemüse. Sie sollten Schnuffis Diät umstellen, auch wenn er Ihnen dabei Leid tut. Füttern Sie nur noch 3 Esslöffel Kaninchenmüsli pro Tag! Lassen Sie die leckeren, aber ungesunden Joghurt-Drops, Kaustangen etc. weg und bieten ihm frisches Heu an. Schnuffi wird schnell feststellen, dass er mehr Heu fressen muss. Das hat den Nebeneffekt, dass er, falls er wirklich zu dick ist, abnehmen wird. Des weiteren beugt es Zahnproblemen vor, weil er das Heu viel intensiver kauen muss. Übergewichtige Kaninchen können, wie Menschen auch, zuckerkrank werden.

Neben der Futterumstellung sollten Sie für mehr Abwechslung in Schnuffis Leben sorgen. Anleitungen dazu finden sie auf Seite 68 im Kapitel Kaninchenfitness.

Warum sind Kaninchen schreckhaft?

Kaninchen sind Beutetiere und somit geborene Angsthasen. Sie fürchten sich vor vielen Dingen und oftmals verstehen wir nicht, warum. Die Welt sieht jedoch ganz anders aus, wenn man auf dem Speiseplan steht. Uns Menschen fällt es als Jäger schwer, sich in das Leben und Denken eines Beutetieres hineinzuversetzen. Kaninchen leben in dunklen Höhlen und werden meist von oben angegriffen. Deswegen kommt der Feind aus Kaninchensicht von oben. Kaninchen verstecken sich gerne in kuscheligen Höhlen. Um es in Asterix' und Obelix' Worten auszudrücken, scheinen sie Angst zu haben, dass ihnen der Himmel auf den Kopf fällt. Sie fürchten sich vor lauten Geräuschen und vor Geraschel, weil es sich so anhört, als nähere sich eine Schlange im Gebüsch oder als ob ein Raubtier durchs dürre Gras schleicht. Kaninchen sind sehr konservativ und ziehen nicht gerne um, deshalb sind ihnen Urlaubsreisen ein Gräuel oder noch schlimmer, Umzüge. So, wie es ist, ist es in Ordnung. Schon eine neue Wohnungs- oder Zimmereinrichtung kann das Kaninchen in Angst und Schrecken versetzen. Kaninchen fürchten sich vor Hunden und Katzen, da sie normalerweise auf deren Speiseplan stehen.

STUBENHOCKER: Wie locken wir Jimmy aus seinem Häuschen?

Meine Tochter hat vor kurzem ein kleines Zwergkaninchen aus dem Zoofachgeschäft bekommen. Im Zoogeschäft ist Jimmy ganz fröhlich mit seinen Artgenossen umhergehüpft und war sehr zutraulich. Man konnte ihn auf den Arm nehmen und streicheln. Seit er bei uns ist, hat er sich sehr verändert. Sein Käfig mit Schlafhäuschen steht im Flur und er kommt überhaupt nicht mehr aus seinem Häuschen heraus. Er frisst, aber das anscheinend nur nachts, denn sein Futtertrog ist leer und ich finde auch Kot und Urin im Käfig. Meine Tochter ist schon ganz traurig, weil Jimmy nur in seinem Häuschen sitzt und gar kein richtiger Spielkamerad für sie ist. Er lässt sich zwar aus dem Häuschen nehmen und streicheln, aber sobald man ihn absetzt, hoppelt er in sein Häuschen. Wieso verhält sich Jimmy so anders als im Zoogeschäft? Hätten wir vielleicht doch zwei Kaninchen kaufen sollen? Fühlt er sich einsam?

ANTWORT:

Ich glaube nicht, dass sich Jimmy einsam fühlt. Er hat vermutlich Angst. Sein Käfig steht im Flur. Meistens laufen im Flur viele Leute auf und ab. Das wird ihn sicherlich stören. Wahrscheinlich steht

Jimmys Käfig, wie fast alle Kaninchenkäfige, auf dem Boden. Wenn wir bedenken, dass Kaninchens Feinde von oben kommen und sich den ganzen Tag Menschen über Jimmys Kopf befinden, können wir leichter verstehen, warum er sich in seinem Häuschen versteckt. Das ist für ihn der einzig sichere Platz. Ich würde Ihnen Folgendes raten: Ändern Sie den Käfigstandort. Wenn möglich, stellen Sie den Käfig in eine ruhige Ecke, möglichst auf eine Kommode oder ein Tischchen. Ein ruhigerer Käfigstandort wird zu Jimmys Entspannung beitragen und er wird sich eher trauen, seine nächste Umgebung, nämlich seinen Käfig zu erkunden. Die meisten Kaninchenkäfige stehen auf dem Boden. Das macht natürlich Sinn, wenn die Kaninchen Freilauf haben, dass sie zum Fressen oder um auf die Toilette zu gehen ihren Käfig aufsuchen können. Leider schweben über einem Bodenkäfig den ganzen Tag irgendwelche Köpfe. Für die Kaninchen ist das so, als kreisten ständig Raubvögel über ihnen.

Versuchen Sie Jimmy mit Leckerbissen anzulocken. Wichtig ist, dass Sie sich auf gleiche Höhe begeben. Wenn der Käfig auf dem Boden steht, legen Sie sich auf den Bauch. Wenn Sie Jimmy laufen lassen,

geben Sie ihm die Gelegenheit sich zu verstecken. Besorgen Sie einige Pappkartons, schneiden Sie einen Eingang heraus und verteilen diese im Zimmer, indem er Freilauf hat. Wenn er außerhalb des Käfigs läuft, legen Sie sich hin, um ihm Gesellschaft zu leisten. Er wird langsam anfangen, sich mit seiner Umgebung vertraut zu machen und mit seinen Kinndrüsen Gegenstände zu markieren. Sie sollten darauf achten, möglichst wenig Krach zu machen, so lange Jimmy draußen ist. Stellen Sie den Fernseher oder das Radio ab und reden Sie mit sanfter Stimme auf Jimmy ein. Es wird sicherlich einige Zeit dauern, bis Jimmy etwas zutraulicher wird. Zwingen Sie ihn zu nichts. Um ihn zum hin und her hoppeln zu animieren, können Sie auch einige seiner Lieblingsleckerbissen auf dem Boden verteilen. Sie sollten unbedingt vermeiden, Jimmy in seiner ersten Erkundungsphase zu erschrecken. Kaninchen haben ein gutes Gedächtnis und merken sich unangenehme Erfahrungen leider sehr lange, wenn nicht gar lebenslang.

Wilde Hatz: Wie können wir unser Kaninchen EINFANGEN?

Unser Kaninchen Jule lebt schon seit längerem bei uns. Jule lässt sich nur ungern einfangen, wenn er Freilauf hat. Sein Käfig steht im Zimmer unseres Sohnes. Jule ist sehr zutraulich und kommt sofort an das Käfiggitter, wenn man sich dem Käfig nähert und macht Männchen. Er lässt sich problemlos auf den Arm nehmen und streicheln. Er kann stundenlang mit uns auf dem Sofa sitzen und sich streicheln lassen. Manchmal schläft er sogar ein. Leider funktioniert es beim Freilauf nicht so gut. Jule darf regelmäßig im Zimmer unseres Sohnes und früher auch in der ganzen Wohnung laufen. Er benutzt seine Kaninchentoilette und zerstört nichts. Das Problem ist, dass wir Jule nicht mehr einfangen können. Deswegen haben wir sein Freilaufgebiet auch auf das Zimmer unseres Sohnes beschränkt, denn da können wir ihn besser einfangen. Es scheint so zu sein, als ob er Katz und Maus mit uns spielt, wenn wir ihn in seinen Käfig zurücksetzen wollen. Ich habe fast den Eindruck, ihn amüsiere es, wenn er Haken schlagend vor uns davonhoppelt. Er ist äußerst flink und wendig und bleibt in einer Ecke sitzen. Wir würden dieses Problem gerne abstellen, denn für uns alle bedeutet es jedes Mal Stress Jule in seinen Käfig zurückzubefördern.

ANTWORT:
Ich glaube nicht, dass Jule Katz und Maus mit Ihnen spielt, sondern denke eher, dass er beim Einfangen um sein Leben rennt. Es könnte sein, dass er bei einem dieser Fangversuche schlechte Erfahrungen gemacht hat. Wahrscheinlich fürchtet er sich und lässt sich daher nicht einfangen. Es gibt mehrere Möglichkeiten, wie Sie diesem Problem begegnen können. Die einfachste Lösung ist, Jule selber entscheiden zu lassen, wann er wieder in seinen Käfig möchte. Dazu können Sie im Zimmer Ihres Sohnes eine Ecke abteilen, in der Jules Käfig steht und wo er sich frei bewegen kann. Sie sollten ihn allerdings nur im Käfig füttern und ihm draußen keine Leckerbissen anbieten. Wenn er Hunger hat, schlafen will oder auf die Toilette muss, wird er wieder in den Käfig zurückkehren.

Geht das nicht, sollten Sie Ihre Einfangstrategie ändern. Sie dürfen dabei keinesfalls Gewalt anwenden und ihn mit der herkömmlichen Katz und Maus Methode einfangen, auch wenn es nicht auf Anhieb funktioniert. Das kann bedeuten, dass Jule einige Tage außerhalb seines Käfigs zubringt. Wenn er frei läuft, legen Sie sich zu ihm auf den Boden und locken ihn mit seinen Lieblingsleckerbissen. Wichtig ist, dass Sie sich auf Augenhöhe befinden. Wenn Sie mit dem Training beginnen, sollten Sie ihm die Leckerbissen aus der Hand füttern. Falls er ein wählerischer Fresser ist, lassen Sie das Kaninchenmüsli

weg und geben ihm nur noch Heu im Käfig. Solange er ausreichend Heu zur Verfügung hat, wird er nicht verhungern!

Wenn Sie ihn auf dem Bauch liegend mit Leckerbissen zu sich locken können, versuchen Sie ihn gleichzeitig sanft zu streicheln. Vermeiden Sie hektische Bewegungen und laute Geräusche. Zuerst streicheln Sie ihn nur, ohne den Versuch zu machen ihn hochzuheben. Ist er entspannt und lässt sich streicheln, versuchen Sie ihn sanft hochzuheben. Am besten nehmen Sie ihn dafür nicht am Genick hoch, sondern umfassen mit einer Hand seinen Brustkorb und unterstützen mit der anderen sein Hinterteil. Setzen Sie ihn aber nicht gleich in den Käfig zurück, sondern heben ihn nur einige Zentimeter über den Boden und lassen ihn anschließend wieder laufen. Das wiederholen Sie einige Male. Heben Sie ihn immer ein Stückchen höher als das vorangegangene Mal. Schließlich werden Sie es schaffen, ihn so in seinen Käfig zurückzubefördern. Sie brauchen für die Methode jedoch sehr viel Geduld und dürfen keinesfalls unter Zeitdruck stehen, sonst funktioniert es nicht.

Warum BOYKOTTIEREN unsere Kaninchen ihren AUSLAUF?

Da wir gehört haben, dass es gesund für Kaninchen ist, einen Teil ihrer Zeit im Freien zu verbringen, haben wir im Garten einen großen Auslauf gebaut. Mein Mann hat ein ganzes Wochenende Bretter gesägt, zusammengeschraubt und das ganze mit Maschendraht versehen. Eigentlich dachten wir, Mimmi und Florian würden sich über den Auslauf freuen und freudig im Garten umherhoppeln. Aber das scheint nicht der Fall zu sein. Die Beiden sitzen in ihrem Häuschen und kommen den ganzen Tag nicht zum Vorschein. Dabei wächst im Frühjahr das Gras so schön und wir haben extra eine Kleewiese für die Kaninchen eingesät. Natürlich sind wir etwas enttäuscht, dass sich die Kaninchen in ihrem Auslauf offensichtlich nicht wohl fühlen. Wie können wir den beiden den Auslauf schmackhaft machen?

ANTWORT:
Wahrscheinlich fürchten sich Mimmi und Florian. Es könnte sein, dass in Ihrem Garten Katzen, Hunde, Füchse, und andere Wildtiere Geruchspuren hinterlassen haben oder Raubvögel über ihren Köpfen kreisen. Wenn Sie andere Haustiere haben, sollten Sie sicherstellen, dass diese nicht an die beiden herankommen. Ihr Häuschen ist ihre einzige Rückzugsmöglichkeit, Sie trauen sich nicht heraus, weil sie keine anderen Versteckmöglichkeiten haben. Zunächst sollten Sie im Auslauf mehr Rückzugsmöglichkeiten für die beiden schaffen. Dazu können Sie z. B. Tonblumentöpfe oder Abwasserröhren aus Ton verwenden. Befestigen Sie die Röhren mit etwas Erde oder Buschwerk, so dass sie nicht hin und her rollen. Plastikgießröhren für frisch gepflanzte Bäume sind ebenfalls geeignet, haben aber den Nachteil, dass sie häufig benagt werden und das Plastik für Kaninchen nicht sehr bekömmlich ist. Aus den Röhren können Sie auch ein Tunnelsystem bauen. Als weitere Möglichkeit eignen sich Pappkartons, aus denen ein Eingang herausgeschnitten wird und die umgekehrt in den Auslauf gestellt werden. Damit bieten Sie Mimmi und Florian mehrere Versteckmöglichkeiten an. Um die beiden aus ihrem Häuschen zu locken, sollten Sie sich zunächst zu den beiden in den Auslauf begeben und sie mit Leckerbissen füttern. Sind die

beiden eher scheu und lassen sich nicht so gerne anfassen, verstreuen Sie einige Leckerbissen lose im Auslauf, um sie hervorzulocken. Wenn die Situation für die beiden immer noch zu bedrohlich wirkt, können Sie anfangs die Hälfte des Auslaufs mit einem Pappkarton abdecken, so dass die überdachte Fläche größer wird. Das vermittelt den beiden mehr Sicherheit und sie trauen sich eher aus ihrem Häuschen. Nach und nach können Sie den Pappkarton entweder zurückziehen oder stückchenweise abschneiden, wenn sich Ihre Kaninchen aus dem Häuschen wagen. Anstatt des Pappkartons können Sie auch abgeschnittene Zweige von Laub- oder Nadelbäumen verwenden. Das sieht schöner aus und vermittelt den Kaninchen natürlichen Schutz durch herabhängende Zweige.

Kaninchen sind sehr hitzempfindlich und werden im Sommer kühle und schattige Röhrensysteme oder die Abdeckung mit Zweigen sehr zu schätzen wissen. Die befestigten Röhrensysteme haben den Vorteil, dass sie von den Kaninchen, sobald diese etwas mutiger geworden sind, als Aussichtspunkte benutzt werden.

Warum mögen Trine und Tralla keine NEUEN MÖBEL?

Wir haben ein großes Haus und sind begeisterte Flohmarktbesucher. Von unseren Flohmarktausflügen bringen wir oft neue Möbel- oder Dekorationsstücke mit, die ich im Haus aufstelle. Hin und wieder arrangiere ich die Zimmereinrichtung neu. Allen in der Familie gefällt das. Es ist jedes Mal ein bisschen wie Urlaub, wenn die Räume anders aussehen. Die einzigen, die das zu stören scheint, sind Trine und Tralla, unsere beiden Zwergkaninchen. Sie leben schon ziemlich lang bei uns und laufen durch das gesamte Erdgeschoss. Sie haben einen Käfig, der immer offen steht und den sie nur zum Schlafen benutzen. Wenn wir mit einem neuen Möbelstück vom Flohmarkt anrücken, verziehen sich die beiden beleidigt in ihren Käfig und kommen tagelang nicht heraus, obwohl die Tür offen steht und alles wie sonst ist. Was soll das? Ich kann mir dieses Verhalten nicht erklären. Nach einiger Zeit geben die beiden ihre Protesthaltung auf und alles ist wie vorher. Wieso machen die beiden das?

ANTWORT:
Die Antwort auf ihre Frage haben sie sich eigentlich schon selbst gegeben. „Es ist wie Umzug oder Urlaub", zwei Dinge die Kaninchen hassen. Kaninchen orientieren sich in ihrem festgelegten Territorium am Geruch. Sie schätzen Veränderungen in ihrer Umgebung überhaupt nicht. Sie sind sehr konservativ und wollen, dass alles so bleibt wie es ist. Jetzt kommen Sie vom Flohmarkt und bringen die ganze schöne Ordnung wieder durcheinander! Gegenstände vom Flohmarkt sind meistens mit vielen Gerüchen behaftet, die von den Kaninchen wahrgenommen werden. Womöglich riechen die neuen Einrichtungsgegenstände auch noch nach Hund oder Katze, also nach Feind. Das finden Ihre Kaninchen sicher furchtbar. Sie fürchten sich und bleiben deshalb eine zeitlang im Käfig, um dann ihre Umgebung neu zu erkunden und zu markieren. Für uns Menschen scheinen die Veränderungen durch Möbel umstellen oder durch neue Möbel nicht dramatisch zu sein, für Kaninchen können sie zu einer drastischen Veränderung ihrer gesamten Lebenssituation führen.

Das Problem lässt sich jedoch lösen. Zunächst sollten Sie versuchen, in der unmittelbaren Umgebung des Kaninchenkäfigs so wenig wie möglich neu zu dekorieren. Wenn es sich nicht vermeiden lässt, sollten Sie sanfte Veränderungen vornehmen. Das heißt, nicht alle Möbel gleichzeitig umzustellen, sondern nur einzelne Möbelstücke nach und nach umzurücken. Das kann bedeuten, dass Ihr Sofa für eine Weile mitten im Raum steht, wenn Sie die Möbel immer ein Stückchen weiterrücken. Das ist für Ihre Kaninchen viel weniger aufregend als eine komplette Neugestaltung ihrer Umgebung. Es kann natürlich lästig sein, wenn Besuch kommt und das Sofa mitten im Raum steht.

Die andere Möglichkeit ist, dass Sie Ihre Neudekorationen auf Räume beschränken, in denen sich die Kaninchen nicht aufhalten. Sie haben geschrieben, dass die Kaninchen im Erdgeschoss leben. Daher gehe ich davon aus, dass Ihr Haus noch über andere Stockwerke verfügt. Als Kompromiss, der alle Familienmitglieder einschließlich Ihrer Kaninchen zufrieden stellt, könnten Sie Ihre Inneneinrichtungstätigkeiten vielleicht auf die Räume beschränken, in denen die Kaninchen nur selten oder gar nicht sind.

MONSTER im Badezimmer?

Mein Kaninchen Mümmel ist sehr zutraulich und folgt mir auf Schritt und Tritt. Er leistet mir Gesellschaft bei allem was ich tue. Mir fällt auf, dass er sich neuerdings weigert, mit ins Badezimmer zu kommen. Es ist nicht so, dass es mich besonders stört, aber ich wundere mich, warum er plötzlich das Badezimmer nicht mehr betritt. Früher hat er mir beim Duschen und Waschen Gesellschaft geleistet, sogar wenn ich auf der Toilette war, hat er interessiert daneben gesessen. Ich kann gut auf Zuschauer im Badezimmer verzichten, aber ich befürchte, dass Mümmel sich weiter von mir zurückzieht, obwohl ich ihm gar nichts getan habe. Ich kann mich auch nicht erinnern, dass im Badezimmer irgendetwas vorgefallen wäre, das Mümmel erschreckt haben könnte. Woher kommt sein Verhalten? Wissen Sie eine Antwort darauf?

ANTWORT:

Vermutlich gibt es doch etwas, das Mümmel im Badezimmer erschreckt hat. Vielleicht haben Sie Ihn unabsichtlich nass gespritzt, oder er hat sich vor einem lauten Geräusch erschreckt, während er im Badezimmer war. Es reicht schon aus, wenn Hundegebell im Radio gekommen ist, während er im Badezimmer war. Kaninchen haben ein sehr gutes Gedächtnis und er scheint das Badezimmer mit einer bedrohlichen Situation zu verbinden. Häufig ist es uns gar nicht bewusst, wovor sich Kaninchen erschrecken, denn sie können sich vor Dingen fürchten, die uns völlig harmlos erscheinen. Ich glaube also nicht, dass sich Mümmel vor Ihnen als Person zurückzieht, sondern nur vor dem Badezimmer. Wenn er sich vor Ihnen fürchten würde, liefe er Ihnen nicht weiterhin hinterher. Sie können jedoch versuchen, Mümmel das Badezimmer wieder schmackhaft zu machen. Setzen Sie sich neben der Badezimmertür auf den Boden und locken ihn mit besonderen Leckerbissen zu sich her. Vermeiden Sie dabei laute Musik, Geräusche und alles, was Mümmel in seiner Meinung bestärken könnte, dass das Badezimmer ein bedrohlicher Ort ist. Sie können auch eine Leckerli-Spur legen, die geradewegs in das Badezimmer führt. Dazu muss Mümmel gierig sein und sollte sich möglichst nicht satt gefressen haben. Sie füttern am besten einige Tage nur ganz wenig oder gar kein Fertigfutter oder Kanin-

chenmüsli, und geben ihm ausreichend Heu und frisches Wasser. Dann locken Sie ihn mit den Leckerlies in Richtung Badezimmer, vielleicht sogar in den Raum hinein. Mümmel wird seine Bedenken gegenüber dem „Monster" im Bad sicherlich fallen lassen, aber erwarten Sie nicht, dass das sofort geschieht.

Kaninchen sind deshalb so vorsichtig, weil sie sich in der Natur keinen Irrtum erlauben können. Einmal nicht aufgepasst und man wird vom Fuchs gefressen, eine zweite Chance gibt es meistens nicht. Deshalb sind Kaninchen auch sehr schwer von der einmal gefassten Meinung vom „Monster im Bad" abzubringen.

Womit füttert man die Mümmelmänner?

Über die Essgewohnheiten der Kaninchen in freier Natur haben wir bereits im ersten Kapitel gesprochen. In unserer Obhut müssen Kaninchen mit dem zufrieden sein, was ihnen angeboten wird und das ist meistens mehr als genug. Egal, wie gut wir es mit unseren kleinen Fellknäulen meinen, eines dürfen wir nie vergessen: Kaninchen sind Grasfresser. Dazu hat die Natur sie geschaffen und dazu haben sie sich in der Evolution entwickelt. Viele Krankheiten unserer heutigen Kaninchen kommen daher, dass wir diese Tatsache vernachlässigen. Krankheiten, wie überlanges Zahnwachstum, Verdauungsstörungen bis hin zur Diabetes können bei Kaninchen bei entsprechender Haltung und Fütterung vermieden werden. Geben Sie Ihr Geld beim Futterkauf lieber für qualitativ hochwertiges Heu oder auch für Kräutermischungen aus. Kräutermischungen kann man in kleinen Tütchen getrocknet kaufen und werden von Kaninchen gerne gefressen. Außerdem sind sie wesentlich gesünder als all die zuckerhaltigen Dickmacherdrops und Dickmacherkaustängelchen.

Junior, Senior, Zwerg oder Angora: Welches **FUTTER** braucht das Kaninchen?

Im Laufe der Jahre hat sich ein Kaninchensammelsurium bei uns zu Hause angehäuft. Es fing mit dem Kaninchen meiner Tochter an, die ausgezogen ist und das Kaninchen in meiner Obhut zurückließ. Jimmy, ein Zwergkaninchen, dürfte jetzt ungefähr sechs Jahre sein. Anschließend kam Maxl dazu. Er ist ein kastrierter Rammler, der im gleichen Alter sein dürfte. Dann haben wir noch Blümchen, ein sehr großes Zwergkaninchen, das vermutlich eher ein Stallkaninchen ist. Sie ist ein Mädchen und ungefähr vier Jahre alt. Der letzte Neuzugang ist Puschi, ein Angorakaninchen, ein Rammler, kastriert, dessen Alter ich nicht kenne. Alle Kaninchen leben in einem großen Freilaufgehege mit einer Schutzhütte und scheinen sich draußen sehr wohl zu fühlen. Jetzt sind es aber so viele verschiedene Rassen und Altersklassen, dass ich mir nicht sicher bin, was ich ihnen füttern soll. Ältere Tiere haben doch andere Ernährungsbedürfnisse als junge, zumindest ist das bei Hunden und Katzen so. Es werden auch so viele verschiedene Müslimischungen für Kaninchen angeboten. Es gibt Futter speziell für Angorakaninchen und welches für Stallhasen. Ich bin unsicher, ob ich meine Kaninchen richtig füttere. Neben dem Gras im Auslauf haben sie einen große Heuraufe unter einem Dach, die ich bei Bedarf fülle. Dann bekommen sie Fertigfutter, das ich im Zoofachgeschäft kaufe. Je nach Jahreszeit bekommen sie Obst und Gemüse, das ich lose in ihrem Auslauf verstreue, damit es keinen Streit gibt.
Welches Fertigfutter soll ich meinen Kaninchen geben und muss ich die Senioren anders füttern als die jüngeren Kaninchen?

ANTWORT:
Bei Kaninchen ist es im Gegensatz zu Hunden und Katzen nicht so, dass sie veränderte Ernährungsbedürfnisse je nach Alter haben. Zu-

mindest hat man das bisher noch nicht erforscht. Es stimmt, dass es viele verschiedene Kaninchen-Fertigfuttersorten auf dem Markt gibt. Die Vielfalt ist zunächst verwirrend. Das Futter für die Stallhasen ist meist kalorienreicher, weil es für Kaninchen ist, die gemästet werden, um sie hinterher zu schlachten. Angorakaninchenfutter enthält meist Zusatzstoffe für das Haarkleid, weil die Tiere auf den Ausstellungen nach der Qualität ihres Fells beurteilt werden.

Ich würde Ihnen empfehlen, ein Futter für Zwergkaninchen zu kaufen. Sie sollten darauf achten, dass das Futter einen Faseranteil von mindestens 15 % hat. Viele Fertigfutter haben einen zu niedrigen Faseranteil und können zu Verdauungsstörungen führen. Dabei ist Pelletfutter am praktischsten, denn alle Pellets enthalten die gleichen Inhaltsstoffe. Die Müslimischungen sehen zwar hübsch aus, die einzelnen Bestandteile enthalten jedoch verschiedene Inhaltsstoffe. Wählerische Kaninchen fressen manchmal nur bestimmte Anteile der Müslimischungen und können so z. B. zu wenig Fasern oder zu viel Fett aufnehmen. Beim „Rollifutter" haben die Kaninchen nicht die Auswahl zwischen den einzelnen Bestandteilen. Neben dem Fertigfutter, das in einer Menge von 2–3 Esslöffeln pro Tag pro Tier verfüttert werden sollte, wird Heu zugefüttert. Ihrer Beschreibung nach ist die Fütterung sicherlich in Ordnung. Sie bieten das Heu in einer Raufe an. So können die Kaninchen es nicht verschmutzen, in dem sie darauf herumhoppeln oder es mit Kot und Urin benetzen. Auch Ihre Obst- und Gemüsefütterung hört sich gut an. Bei Obst und Gemüse ist es nicht unbedingt nötig, z. B. die Karotten zu waschen, oder sie klein zu schneiden. Wurzelgemüse kann ruhig mit etwas anhaftender Erde gefüttert werden, denn in der Erde sind häufig Mineralstoffe enthalten, die die Kaninchen brauchen und auch in freier Natur zu sich nehmen. Bei Kaninchen beobachtet man es seltener, aber sicherlich haben Sie schon ein Pferd auf der Weide Erde fressen sehen. Das ist kein Mangelzustand oder ein Hinweis auf eine Erkrankung, sondern die natürliche Form der Mineralstoffaufnahme. Kaninchen tun das auch, überhaupt gleichen sie was das Verdauungssystem angeht, in vielem einem Pferd.

Wenn Sie sich unsicher sind, ob alle Tiere genug zu fressen bekommen oder ob einzelne Kaninchen nicht von den dominanteren Tieren verdrängt werden, schlage ich vor, dass Sie die Kaninchen ein Mal im Monat wiegen. Auf diese Weise haben Sie einen Überblick, ob alle genug zu fressen bekommen.

Weiß Kaninchen, welche PFLANZEN GIFTIG sind?

Ich lasse meine beiden Stallhasen Max und Moritz im Sommer viel im Garten laufen. Sie haben dabei kein Gehege sondern können sich frei in unserem Garten bewegen. Der Garten ist eingezäunt und wir handhaben das schon seit vielen Jahren so. Max und Moritz sind noch nie abgehauen, lieben es, sich unter herabhängenden Zweigen zu verstecken und scheinen ganz zufrieden zu sein. Nun ist mein Garten ein eher naturnaher Garten. Was ich damit sagen will, ist, dass ich meinen Garten eigentlich gar nicht pflege, außer ab und zu den Rasen zu mähen, damit mir die Wiese nicht ins Wohnzimmer wuchert. Max und Moritz scheint die Wildnis zu gefallen. Jetzt wächst in meinem Garten so allerlei, von dem ich zum Teil nicht genau weiß, was es ist. Ich mache mir ein bisschen Sorgen, ob giftige Pflanzen dabei sein könnten. Haben Kaninchen einen angeborenen Instinkt dafür, welche Pflanzen giftig sind?

ANTWORT:

Auf den natürlichen Instinkt Ihrer Kaninchen, was giftige Pflanzen angeht, würde ich mich nicht verlassen. Damit Sie wissen, was giftig ist und was nicht, sollten Sie versuchen herauszufinden, was in Ih-

rem Garten wächst. Investieren Sie das Honorar für eine Stunde Gärtner und laufen mit ihm durch Ihren Garten. Gärtner kennen sich auch mit einheimischen Unkräutern sehr gut aus und können Ihnen bei der Pflanzenbestimmung helfen. Wenn Sie etwas mehr Detektivarbeit leisten wollen, kaufen Sie sich ein Pflanzenbestimmungsbuch und stellen fest, was in Ihrem Garten wächst.

In der Tabelle finden sie eine Auflistung der Giftpflanzen, die allerdings nicht den Anspruch erhebt, vollständig zu sein.

Als Faustregel kann man sich merken, dass alle Wolfsmilchgewächse giftig sind. Das sind Pflanzen oder Blumen, bei denen beim Abknicken eines Stängels ein milchartiger weißer Saft austritt.

GIFTIGE PFLANZEN:

Amaryllis	Lupine
Azalee	Rhododendron
Blutwurz	Glyzinie
Buchsbaum	Rizinusölpflanzen

Chyrsantemen	Wacholder
Efeu	Goldregen
Eibe	Krokus
Fingerhut	Schierling
Herbstzeitlose	Liguster
Ilex	Stechapfel
Jasmin	Mistel
Klematis	Kirschlorbeer
Maiglöckchen	Oleander
Osterglocken	Nachtschattengewächse
Primeln	Iris
Rittersporn	Giftaron
Strelizie	Rhabarberblätter
Tränendes Herz	Tomatenranken
Tulpen	Lobelie
Zypresse	Weihnachtsstern

Noch mehr Fragen ...

Kaninchen leben seit Jahrzehnten mit Menschen zusammen. Wir sollten jedoch auf die Ansprüche der Kaninchen, was ihr Zusammenleben mit dem Menschen angeht, Rücksicht nehmen. Das Kaninchen kann an seiner Situation nichts ändern und muss sich mit dem begnügen, was wir ihm zur Verfügung stellen. Im Grunde ist es nicht viel, was ein Kaninchen braucht. Kaninchen fressen Gras, respektive Heu und brauchen Platz. Der Käfig des Kaninchens sollte so groß wie möglich sein, da das Kaninchen sein Leben in diesem Käfig verbringt, wenn es keinen Freilauf hat.

FREILANDHALTUNG: Können Barney und Fred ganzjährig draußen wohnen?

Wir haben zwei Stallkaninchen, die im Garten leben. Sie haben ein Häuschen, in dem sie beide ausgestreckt liegen können und das wir mit frischem Stroh auspolstern. Das Häuschen steht in einem Unterstand, der von drei Seiten her geschlossen und nur nach vorne zum Auslauf geöffnet ist. Barney und Fred leben schon seit Jahren Winter wie Sommer draußen. Sie haben einen großen Auslauf, der zum Teil unter tief liegenden Baumästen liegt und mit Kartons zum Hineinschlüpfen dekoriert ist. Ich habe das Gefühl, dass die beiden sich ganz wohl fühlen. Jetzt hat meine Nachbarin gedroht, mich anzuzeigen, weil Stallhasen auch Kaninchen sind und Kaninchen im Winter nicht draußen gehalten werden könnten. Es sei Tierquälerei. Nun bin ich doch etwas beunruhigt, ob ich Fred und Barney tatsächlich weiterhin so halten kann. Die beiden wurden meinen Kindern als Zwergkaninchen geschenkt und wurden immer größer, bis offensichtlich war, dass es sich um zwei Stallkaninchen handelt. Unsere Wohnung ist für die beiden Riesenviecher zu klein und ich möchte auch keinen Kaninchenkot auf meinen Teppichen finden. Natürlich kümmern wir uns weniger um die beiden, als man sich um drinnen lebende Kaninchen kümmern würde, doch sie werden regelmäßig mit Futter und Wasser versorgt, ausgemistet und sind ganz zutraulich. Sie kommen jedes Mal an die Käfigumzäunung und lassen sich mit hartem Brot oder Karotten füttern. Ich habe nicht den Eindruck, dass die beiden unter ihrer Situation leiden.

ANTWORT:

Lassen Sie sich nicht von Ihrer Nachbarin verrückt machen. Sie können Kaninchen, egal ob Stallhasen oder Zwergkaninchen, ganzjährig im Freien halten. Die Haltung, die Sie beschreiben, scheint in Ordnung zu sein. Kaninchen haben ein dichtes Fell und können auch problemlos bei Minusgraden durch den Schnee hoppeln. Kälte macht ihnen weniger aus als Hitze. Hitze vertragen sie nicht so gut. Einige Dinge sollte man dennoch bei der Ganzjahreshaltung im Freien beachten. Kaninchen brauchen ein Schlafhäuschen, das groß genug ist. so dass sich die Tiere darin ausstrecken können. Wichtig ist, dass das Häuschen gut gegen Kälte und Zugluft isoliert ist. Es sollte einen Boden haben und dick mit Einstreumaterial ausgepolstert sein. Am besten eignet sich tatsächlich Stroh. Das Häuschen sollte in einem schattigen Unterstand stehen, der gut gegen Zugluft isoliert ist und im Sommer Schutz gegen Hitze und im Winter Schutz gegen Wind und Regen bietet. Die Hitze darf sich im Sommer nicht darunter stauen. Kaninchen sind als Höhlenbewohner sehr hitzeempfindlich, zumal sie viel schlechter schwitzen können als Menschen. Stellen Sie sich vor, Sie haben im Sommer einen schwarzen Pelzmantel an und müssen auf der Terrasse unter einem Sonnenschirm sitzen. Sie können den Pelzmantel nicht ausziehen und auch nicht schwitzen. Wird Ihnen schon beim Lesen warm? Deswegen ist nicht nur Schutz gegen Kälte sondern auch vor Hitze wichtig. Am besten sollte der Auslauf unter tief herabhängenden Zweigen von Büschen oder Bäumen angesiedelt sein. Kaninchen verstecken sich gerne unter den Ästen. Diese spenden Schatten. Im Sommer mögen die Tiere gerne einen Flecken mit kühler, feuchter Erde, in der sie sich abkühlen können. Abflussröhren aus Ton werden von den Kaninchen gerne als künstliche Höhlen benutzt, denn sie sind im Sommer kühl und bieten im Winter Schutz vor Regen. Natürlich sollte solch ein Kaninchenauslauf etwas abwechslungsreich gestaltet sein, mit ausgehöhlten Holzstämmen, Ton- oder Plastikröhren, vielleicht einem Teil, in dem Sie Möhren pflanzen, die die Kaninchen ausbuddeln können. Der Fantasie sind keine Grenzen gesetzt.

Zwangsläufig beschäftigen wir uns mit Tieren, die ganzjährig im Freien gehalten werden, weniger als mit Wohnungstieren. Wer von beiden das größere Los gezogen hat, ist allerdings die Frage. Eine artgerechte Kaninchenhaltung im Freien mit einem Kumpel ist allemal befriedigender für das Kaninchen, anstatt als dicker kleiner Stubenhocker zu leben, der vielleicht am Wochenende eine Stunde laufen darf, wenn wir gerade Zeit für ihn haben.

Wie gewöhne ich mein Kaninchen an ein BRUSTGESCHIRR?

Mein Kaninchen und ich leben schon seit einigen Jahren in einer Dachgeschosswohnung. Ich werde demnächst in eine Parterrewohnung mit einem kleinen Garten umziehen. Jetzt kann ich Max endlich die Gelegenheit geben, ein bisschen im Freien herumzulaufen. Ich habe aber Angst, Ärger mit meinem Vermieter zu bekommen, wenn ich Max einen Auslauf im Garten baue und möchte ihn deshalb lieber an der Leine im Garten spazieren führen. Daher habe ich eines dieser kleinen Brustgeschirre mit Leine im Zoofachgeschäft gekauft. Jetzt bin ich ratlos, wie ich Max an das Brustgeschirr gewöhnen kann. Ich habe ihm das Brustgeschirr auch schon angezogen. Er schien jedoch nicht sonderlich begeistert zu sein, hat sich ständig geleckt und versucht, das Geschirr anzunagen. Jetzt möchte ich noch einen Versuch starten, denn es wäre bestimmt schön für ihn, wenn er frische Luft schnappen und ein paar Hälmchen knabbern könnte. Können Sie mir einen Trick verraten, wie ich ihn an Brustgeschirr und Leine gewöhnen kann?

ANTWORT:

Das Wichtigste ist, Max davon zu überzeugen, dass das Geschirr etwas Positives ist. Sie sollten ihn nicht gleich damit überfallen und ihm das Geschirr anziehen, sondern schrittweise vorgehen. Auch wenn es etwas länger dauert, werden Sie mit dieser Methode sicherlich eher zum Ziel kommen. Zunächst darf Max an dem Brustgeschirr schnuppern, während er auf Ihrem Schoß sitzt. Streicheln Sie ihn währenddessen und reden mit sanfter Stimme auf ihn ein. Füttern Sie ihm dabei einen Leckerbissen. Im nächsten Schritt legen Sie Max das Geschirr auf den Rücken, damit er sich an das Gewicht gewöhnen kann. Streicheln Sie ihn wieder und geben ihm Leckerbissen. Anfangs wird das Geschirr nur ganz kurz auf den Rücken gelegt, dann die Zeit dabei von Mal zu Mal verlängert. Jetzt ziehen Sie ihm das Geschirr richtig an und lenken ihn mit Leckerbissen ab, um ihn zu beschäftigen. Wenn er mit angezogenem Geschirr Leckerbissen frisst, sind Sie schon fast am Ziel. Befestigen Sie die Leine am Geschirr und lassen Sie Max damit umherhoppeln. Auch in dieser Phase sollten Sie ihm beruhigend zureden und ihn mit Leckerbissen bestechen. Wenn er zufrieden mit Geschirr und Leine herumhoppelt, können Sie die Leine in die Hand nehmen und sich einen Schritt von Ihrem Kaninchen entfernen. Benutzen Sie dabei ein Kommando, das Sie immer wiederholen, wenn Sie ihn an der Leine führen wollen, wie z. B. „Komm" oder „Gassi". Locken Sie ihn mit Leckerbissen zu sich her und loben ihn, wenn er Ihnen folgt. Ziehen Sie niemals an der Leine, das macht Ihrem Kaninchen Angst und wer Angst hat, kann nichts lernen. Wenn Max zufrieden neben Ihnen herhoppelt, passen Sie Ihre Laufgeschwindigkeit seinem Hoppelgang an. So artig wie ein Hund wird Max zwar nicht an der Leine laufen, aber meistens funktioniert es recht gut. Wenn er Ihnen an der Leine folgt, können Sie Ihre Aktivitäten nach draußen verlagern und ihn im Garten spazieren führen.

Warum SCHÜTTELN Kaninchen den Kopf?

Meine Kaninchen haben eine Angewohnheit, die ich schon seit längerem beobachte. Die beiden schütteln mit dem Kopf. Sie halten ihren Kopf schief, wenn ich mit ihnen rede, sie begrüße oder füttere. Anschließend schütteln sie ihren Kopf, so als wollten sie sagen: „Was erzählt sie nur für einen Unsinn?" Ich weiß, dass die beiden nicht jedes Wort verstehen, aber man könnte fast meinen, dass es so sei. Verstehen mich die zwei wirklich? Haben sie das schon immer gemacht und ich habe nicht darauf geachtet? Ist das eine normale Kaninchengestik?

ANTWORT:
Kaninchen können, genau wie wir, mit dem Kopf schütteln, wenn ihnen etwas missfällt. Das hängt meistens damit zusammen, dass sie etwas gerochen haben, was ihnen unangenehm erscheint, und sie durch Kopfschütteln den Geruch möglichst schnell wieder aus ihren Nasenschleimhäuten entfernen wollen. Kopfschütteln beim Kaninchen ist zunächst ein Ausdruck des Missfallens. So wie Sie es beschreiben, scheint es aber eher eine krankhafte Veränderung zu sein. Es gibt verschiedene Erkrankungen, die mit einer Kopfschiefhaltung bzw. mit Kopfschütteln einhergehen. Das können Ohrinfektionen oder Ohrmilben sein, die von Kaninchen zu Kaninchen übertragen werden und meist Juckreiz an den Ohren verursachen. Sehen Sie im Gehörkanal nach, ob Sie Verschmutzungen oder Verkrustungen er-

kennen können. Es gibt aber noch andere Ursachen für eine Kopfschiefhaltung, wie Gehirnentzündungen oder andere parasitäre Erkrankungen. Ich würde Ihnen auf jeden Fall empfehlen, Ihren Tierarzt zu konsultieren, um sicherzugehen, dass keine krankhaften Veränderungen dahinterstecken. Ohrmilben lassen sich leicht mit antiparasitären Medikamenten bekämpfen, bei anderen zu Grunde liegenden Ursachen, wird es schon etwas schwieriger, aber einen Versuch ist es wert.

KAHLE STELLEN: Warum reißt sich mein Kaninchen Haare aus?

Ich habe zwei Zwergkaninchenmischlinge, die seit ungefähr fünf Jahren zusammenleben. Sie sind ziemlich groß, und wiegen jeder ungefähr 3 kg, daher glaube ich nicht, dass es sich um Zwergkaninchen handelt. Es ist ein Pärchen und beide sind kastriert. Babette, das weibliche Tier hat neuerdings angefangen, ihr Fell zu fressen. Sie rupft sich das Fell an den Flanken aus und scheint es zu fressen. Ich finde keine Haare im Käfig, so dass ich nicht glaube, dass sie scheinträchtig ist. Außerdem ist sie kastriert und sollte nicht mehr scheinträchtig werden. Sie rupft auch nur am Rücken und an den Seiten, ihre Wamme lässt sie in Ruhe. Hat sie eine Psychose? Ich habe nichts verändert und kann mir nicht erklären, woran das Verhalten liegt. Wenn es etwas Ansteckendes wäre, müsste Buster doch auch anfangen sein Fell zu fressen. Können Sie mir einen Rat geben, woher das Verhalten kommt und vor allem, wie ich es wieder abstellen kann? Kann es mit dem Fellwechsel zusammenhängen?

ANTWORT:

Kaninchen wechseln zwar in der gesamten warmen Jahreszeit ihr Fell, doch sie werden dabei nicht kahl und reißen sich nicht das Fell heraus. Ich denke also nicht, dass Babettes Problem mit dem Fellwechsel zusammen hängt. Ich würde Ihnen empfehlen, mit Babette zum Tierarzt zu gehen. Es könnte durchaus sein, dass Milben die Ursache für Babettes Problem sind, obwohl Buster sich nicht anzustecken scheint. Es gibt verschiedene Milbenarten, die ein Kaninchen befallen können und nicht alle Arten sind ansteckend. Außerdem gibt es bestimmte Individuen, die für Infektionen empfänglicher sind als andere. Der Tierarzt wird anhand von Haut- und Fellproben herausfinden, um welche Erkrankung es sich handelt. Möglicherweise steckt auch ein Hautpilz dahinter. Versuchen sie nicht, das Problem mit Medikamenten für Hunde oder Katzen in den Griff zu bekommen, denn sie sind möglicherweise toxisch für Kaninchen und richten unter Umständen mehr Schaden als Nutzen an.

Es könnte sich allerdings auch um einen Schmerzzustand handeln. Das heißt, Babette beknabbert den Bereich ihres Körpers, der ihr weh tut. Tiere machen das manchmal – man nennt es Automutilation. Wenn der Tierarzt keine Hinweise auf Milben findet, können Sie ihn darauf aufmerksam machen, ob es sich nicht um ein Wirbelsäulenproblem handelt. Das kann man mit einer Röntgenaufnahme relativ leicht diagnostizieren.

Unliebsame Abräum-Hilfe: Warum KLETTERT Jeremy auf alle TISCHE?

Mein Kaninchen Jeremy hat eine Angewohnheit, die andere Leute zum Brüllen komisch finden, die mich jedoch ziemlich nervt. Anfangs fand ich es auch noch ganz witzig, doch inzwischen ist Jeremys neues Hobby extrem lästig geworden. Jeremy klettert auf Tische. Wie eine Katze hüpft er erst auf den Stuhl und dann auf den Tisch, um Fußstapfen in der Butter zu hinterlassen, die Zeitung herunterzureißen, oder die Blumenvase umzukippen. Er hat auch schon das Tischtuch vom Tisch gezogen und alles, was auf dem Tisch stand, ist laut scheppernd zu Boden gefallen. Eigentlich müsste er sich doch vor dem Lärm fürchten, da Kaninchen ein sehr empfindliches Gehör haben. Aber nicht Jeremy. Meine Besucher finden es niedlich und ich könnte mit dieser Nummer inzwischen Eintritt verlangen, aber ich kann Jeremy nicht unbeobachtet mit einem Tisch alleine lassen, auf dem etwas steht. Sofort springt er auf den Tisch. Komischerweise interessieren ihn leere Tische ohne Tischtuch überhaupt nicht. Wieso macht er das? Er stiehlt auch nicht jedes Mal Essen, ihm scheint es einfach Spaß zu machen, Dinge vom Tisch zu werfen und mich anschließend putzen zu sehen. Noch mehr als das Warum interessiert mich die Frage, wie stelle ich es ab?

ANTWORT:
Wahrscheinlich war Jeremy anfangs schon an Essbarem interessiert und hat seine Fähigkeit verfeinert, indem er auf jeden Tisch springt. Vermutlich war Ihr Verhalten Belohnung genug. Wahrscheinlich will er Aufmerksamkeit erzeugen, was ihm auch gelingt, denn es kommt jedes Mal eine Reaktion von Ihnen. Auch wenn die Reaktion negativ ist und Sie böse werden und mit ihm schimpfen, beschäftigen Sie sich mit ihm. Ich kann verstehen, dass Sie vorziehen, diese Zirkusnummer zu beenden, aber das wird ein hartes Stück Arbeit. Es gibt

prinzipiell zwei Möglichkeiten, zum Ziel zu gelangen. Erstens: Sie dürfen Jeremy keinesfalls mehr Ihre Aufmerksamkeit schenken. Zweitens: Sie bringen ihm das Wörtchen „Nein" bei und bestrafen ihn, wenn er auf den Tisch klettert.

Es ist zugegebenermaßen schwierig zu ignorieren, wenn der frisch gedeckte Esstisch abgeräumt wird. Sollten Sie sich zur ersten Möglichkeit entschließen, sollten Sie Jeremys Aufenthalt auf ein Zimmer beschränken, in dem ein Tisch steht. Diesen Tisch decken Sie immer wieder neu, am besten mit dem alten, hässlichen Blümchengeschirr von Tante Erna, das sie immer schon loswerden wollten. Wenn Jeremy sein Werk beginnt und den Tisch abräumt, tun Sie so, als ob überhaupt nichts passiert und fahren mit dem fort, was Sie gerade tun, also zum Beispiel Fernsehen, Bügeln, Telefonieren etc. Tun Sie so, als ob Jeremy in diesem Moment überhaupt nicht existiert und ignorieren ihn. Das wiederholen Sie mehrmals mit verschiedenen Tischdeckvariationen. Irgendwann wird Jeremy merken, dass sich etwas geändert hat, nämlich dass keine Reaktion mehr kommt und er wird aufhören, den Tisch abzuräumen.

Wenn Sie kein Blümchengeschirr von Tante Erna haben, können Sie auch versuchen, ihn für sein Fehlverhalten zu bestrafen. Zu diesem Zweck bestrafen Sie ihn **immer** dann, wenn er Versuche unternimmt, auf den Tisch zu gelangen und unterstreichen Ihr „Nein" mit einem Wasserstrahl aus einer Wasserpistole oder einem Blumensprüher. Das unangenehme dabei ist, dass die Bestrafung jedes Mal erfolgen muss, wenn er versucht, auf den Tisch zu klettern. Meistens funktioniert das ganz gut, solange Sie im Raum sind. Wenn Sie den Raum verlassen, wird er die Situation wahrscheinlich für sich nutzen, um wieder auf den Tisch zu gelangen. Verstecken Sie sich hinter dem Türrahmen, beobachten ihn heimlich und überlisten ihn aus dem Hinterhalt.

Warum macht mein Kaninchen LUFTSPRÜNGE?

Mein Kaninchen Wursti ist ein gemächlicher kleiner Kerl. Er sieht wie eine dicke Leberwurst in der Pelle aus, daher auch der Name. Manchmal beobachte ich eine Verhaltensweise, die mir etwas Angst macht. Wenn ich Wursti im Freilauf laufen lasse, rennt er wie aufgezogen hin und her, als wäre er gestochen worden, hüpft in die Luft, dreht sich und flitzt so lange durch sein Gehege, bis er hechelnd im Schatten liegen bleibt. Er macht es nicht jedes Mal, aber ich befürchte, dass er sich mit diesem Verhalten noch umbringen wird, denn anschließend ist er fix und fertig. Soll ich ihn lieber nicht mehr in den Freilauf setzen? Und was ist der Grund für sein Verhalten?

ANTWORT:

Sie brauchen sich um Wursti keine Sorgen zu machen. Selbstmord gibt es nur bei Lemmingen, aber nicht bei Kaninchen. Da Wursti immer nur im Freilauf durch die Gegend rennt und Luftsprünge macht, glaube ich, dass die pure Lebensfreude mit ihm durchgeht. Kaninchen rennen oft zum Spaß hin und her, wie ein Pferd, das im Stall eingesperrt war und seinen Bewegungsdrang ausleben möchte. Kaninchen machen manchmal Luftsprünge, wenn sie sich freuen und toben aus lauter Übermut herum, so wie Wursti. Sie sollten ihm den Freilauf keinesfalls vorenthalten. Außerdem scheint ihm ein bisschen Bewegung ganz gut zu tun, wenn er übergewichtig ist.

Zum Weiterlesen und Weiterclicken

Empfehlenswerte Bücher

Kaninchenhaltung
Beck, Peter: **Liebenswerte Zwergkaninchen.** Kosmos 2002.
Kompaktes Wissen über Zwergkaninchenhaltung.
Ideal für Einsteiger.
Beck, Peter: **Gesellige Meerschweinchen.** Kosmos 2002.
Wenn Sie etwas über Meerschweinchenhaltung erfahren
möchten, empfehlen wir Ihnen dieses Buch.
Hensel, Wolfgang: **Deine Zwergkaninchen.** Kosmos 2001.
Ein wunderschönes und interaktives Buch für Kinder mit
tollen Beschäftigungsideen.
Warrlich, Anne: **Meine Zwergkaninchen.** Kosmos 2004.
Neben Haltung und Pflege gibt es noch viele Informationen
über Spiel und Spaß, Verhalten und Gesundheit.

Gesundheit
Alberts, Andreas/Mullen, Peter: Giftpflanzen in Natur und Garten.
Bestimmung, Giftwirkung, Erste Hilfe. Kosmos 2003.
Matthes, Siegfried: Kaninchenkrankheiten. Krankheiten
vorbeugen, erkennen, behandeln. Oertel und Spörer 2002.
Winkelmann, Johannes/Lammers, Hans: Kaninchenkrankheiten.
Ulmer 2004.

Belletristik
Adams, Richard: Unten am Fluss – Watership down. Heyne 2002.
McBratney, Sam/Jeram, Anita: Weißt Du eigentlich, wie lieb ich
dich hab? Sauerländer 2002.

Internetadressen

www.kaninchenzucht.de
Hier erfahren Sie alles Wissenswerte über Zucht und Haltung der Zwergkaninchen und können sich anhand zahlreicher Fotos einen Überblick über die verschiedenen Rassen verschaffen.

www.zuercher-tierschutz.ch/tierhaltung.html
Auf dieser Site finden Sie eine Vielzahl an Informationen über Zwergkaninchen. Dr. Tiger erklärt Kaninchenverhalten.

Unter **www.zwergkaninchen.net** kann man zahlreiche Tipps über Pflege, Haltung, Krankheiten und Verhalten finden.

Nützliche Adressen

Vereine
ZDK – Zentralverband Deutscher Kaninchenzüchter e.V.
Krefelder Str. 130
41063 Mönchengladbach
www.zdk.de

Rassezuchtverband Österreichischer Kleinzüchter (RÖK)
Mollgasse 11–13
A-1118 Wien

Schweizerischer Rassekaninchenzucht-Verband
Weißenbühl 43
CH-3007 Bern
www.sgk.org

Register

Aggression 28, 56, 78, 82
Aggression, erlernte 84
Aggression, futterbedingte 84
Aggression, umgeleitete 82, 91
Alter 28, 123
Angorakaninchen 14, 123
Angst 18, 72, 82, 90, 111, 112
Angstaggression 93
Annagen 104
Anschaffung 79
Artgerechte Kaninchenhaltung 130
Aufreiten 95
Aufzucht, mutterlose 53
Augen 16
Augenausfluss 78
Auseinandersetzung 95
Auslauf 42, 45, 86, 107, 116, 118

Backenzähne 20
Bau 23
Bauchmassage 53
Befruchtung 46, 96
Beißen 55, 58, 83, 88, 90
Bejagung 38
Belgischer Riese 14
Belohnen 92, 135
Benagen 44
Beschäftigung 105
Bestrafen 100, 105, 136
Beuteschema 60
Beutetier 18, 39, 111
Bewegung 68, 74
Bissverletzung 97
Bisswunden 63, 87
Blinddarmkot 26, 35
Brünstig 21, 47
Brunstsaison 62, 87
Brustgeschirr 130
Buddeln 107

Dachs 37
Dämmerung 16, 32, 75
Deckakt 96
Domestikation 12
Dominant 37
Dominanzverhalten, geschlechtsgebunden 96, 100
Draußen leben 128
Duftdrüsen 17, 26
Duftmarke 86

Eierstöcke 21, 56
Einfangen 100, 114, 115
Eingang 25
Eingewöhnung 63
Einschläfern 79
Einstreu 55, 63, 129
Eisprung 46

Erfahrung, schlechte 66, 93, 115
Ernähren 32
Ernährungsbedürfnisse 123
Erziehen 63
Erziehungsmaßnahme 105
Essgewohnheiten 122
europäisches Wildkaninchen 12

Familienmitglied 17, 43
Faseranteil 32, 124
Fauchen 27
Fehlverhalten 92, 136
Feinde 18, 25, 32, 37, 119
Fell ausrupfen 49, 89
Fellbeschaffenheit 78
Fellfarbe 14
Fellpflege 29, 31
Fellwechsel 31, 134
Fertigfutter 123
Fiepen 27
Fitnessparcours 75
Flucht 39
Fortpflanzungssaison 55, 76
Fortpflanzungszyklus 47
Freigehege 45
Freilandhaltung 128
Freilauf 85, 114
Fressverhalten 110
Freundschaft 58, 98
Frustration 82
Fuchs 37
Futter verteidigen 83
Futterball 74, 84
Füttern 122
Futterrecycling 35
Futterschüssel 83
Futterselektion 77

Garten 125
Geburt 50
Gefahr 44
Gehör 18
Gehörkanal 132
Genetischer Code 103
Geruch 28, 63, 100, 119
Geruchssinn 17, 50
Geschlecht bestimmen 96
Geschlechtertrennung 55
Geschlechtsreife 23, 45, 55
Geschmacksknospen 18
Gesundheitszustand 79
Gewicht 23
Gewichtsverlust 78
Gewöhnen an Menschen 52
Giftpflanzen 126
Graben 49, 107, 109
Grannenhaare 31
Gras 32, 34
Greifvögel 37
Gurren 27

Haarausfall 78
Haarballen 110
Haare ausreißen 133
Haken schlagen 39, 115
Handaufzucht 53
Häsin 62, 95, 97
Häuschen 41, 60, 128
Haustiere aneinander gewöhnen 61
Hautpilz 134
Hermelin 13, 37
Hermelinkaninchen 14
Heu 77, 111, 122, 124
Heuraufe 42
Hierarchie 23, 94
Hindernis 65, 68
Hitzeempfindlich 118, 129
Hochheben 90, 116
Hoden 21, 56, 96
Höhle 24, 26, 67
Holzrampe 73
Hormone 21
Hormonelle Ruhephase 62
Hund 37, 60, 61

Ignorieren 136
Impfen 57, 80
Instinkt 109, 125
Inzucht 24

Jagen 62, 85, 86
Juckreiz 79

Käfig 41
Käfigstandort 113
Kahle Stellen 79, 102, 133
Kälte 129
Kampf 40
Kaninchenbau 24
Kaninchenfitness 68
Kaninchenfutter 32
Kaninchenhaltung 12
Kaninchenkäfig 43
Kaninchenmüsli 32
Kaninchenrassen 14
Kaninchenschnupfen 57, 80
Kaninchentoilette 54, 99
Kaninhop 68
Kastration 55, 82, 89, 96, 101
Katze 37, 60, 61
Kauf 57
Kinderzimmer 26
Kinndrüsen 17
Klettern 73, 134
Knabbern 33
kommunizieren 17
Kopf schütteln 28, 131
Kopfschiefhaltung 132
Körperhaltung 28
Körperpflege 30
Körpersprache 27

Kot 35, 51, 54
Krallen 109
Krankheit 57, 76, 78, 122
Kräuter 32, 122

Langeweile 33, 110
Laute 27
Lebenserwartung 23
Lebensfreude 137
Leckerbissen 64, 117, 121
Leine 45, 130
Lernen 22
Liebesbeweis 99
Luftsprung 137

Magen-Darm-Flora 51
Mangelerscheinung 110
Männchen machen 64
Männerkontakt 94
Marder 37
Markieren 36, 49, 62, 86, 100, 119
Massage 31
Meerschweinchen 59, 98, 101
Milben 134
Milch 50, 53
Milchöl 53
Mineralstoffversorgung 102, 125
Mümmeln 27
Müslimischung 124
Mütterliche Instinkte 82
Myxomatose 16

Nachgeburt 50
Nachkommen 82
Nachwuchs 50, 89
Nagen 35, 41
Nahrungsaufnahme 32
Nass spritzen 92, 105, 120
Nest 49, 89
Notausgang 25, 39

Obst 34
Ohren 18
Ohrenstellung 28
Ohrhaltung 79
Ohrinfektion 132
Ohrmilben 132
Östrogen 21

Paarung 47
Paarungszeit 21, 24
Parasitenkontrolle 57
Pelletfutter 32, 124
Perianaldrüsen 17
Pferd 34, 38
Pflanzen, giftige 125
Pheromone 48
pH-Wert 53
Platz 58, 60, 97
Prägungsphase 22, 82, 93

Pubertät 46
Putzen 30

Rabbit Haemorrhagic Disease (RHD) 16
Rammler 51, 62, 95
Rangordnung 23, 94
Röhre 25, 73
Rückzugsmöglichkeit 117
Rudel 23
Rudelmitglied 87
Rudeltier 58, 76

Sandkiste 107
Satelliten 23
Sättigungsgefühl 111
Säugen 50
Scharren 89
Scheinträchtigkeit 46, 89
Schmerzbedingte Reaktion 90
Schmerzen 76, 78, 82, 90, 134
Schmerzmittel 90
Schneidezähne 20
Schreckhaft 111
Schreien 27
Schwitzen 129
sehen 16
Sexualtrieb 100
Soziale Bindung 30
Sozialisationsphase 22
Spaß 137
Springen 65, 69
Stallkaninchen 20, 79, 123
Steilsprung 70
Streicheln 52, 94, 116
Streit 58, 63, 82, 85, 87
Stroh 128
Stubenrein 54

Tageslicht 46
Tapetefressen 105
Tasthaare 18
Teppichfransen fressen 110
Territorial 62
Territorium 36, 56, 82, 86, 119
Testosteron 21
Tierarzt 66, 133
Toilettenplätze 36, 54
Trächtigkeit 47, 49
Tragzeit 23
Tränenfluss 78
Transport-Box 66
Trichobezoar 31
Trick 64
Trinken 77
Trinkflasche 42
Trommeln 27, 28, 88
Tunnelsystem 25

Überfütterung 110
Umwelteinfluss 21
Umzug 112, 119
Unterwolle 31
Unterwürfig 28
Urin 54, 77, 100
Urin sprühen 48, 99
Urlaub 119

Verdauung 39, 44, 51
Verdauungsstörung 32, 110, 122
Verhalten 57
Verhaltensänderung 77, 88, 89
Verhaltensprobleme 33, 79
Verkrustung 78
Vermehren 45
Vermehrungsfreudigkeit 15
Verstecken 113
Versteckmöglichkeit 117
Verstoßen 76
Verteidigen 82
Verzwergungsgen 14
Vitamin B-Mangel 35
Vitaminmangelerscheinung 102
Vitaminpräparat 102
Vitaminversorgung 102
Vorbeugung 79

Wasseraufnahme 77
Widderkaninchen 14, 18
Wiegen 78, 125
Wiesel 25, 37
Wildkaninchen 12, 15, 23
Winterfell 31
Wolfsmilchgewächs 126
Wurf 47
Wurfgeschwister 57
Wurfgröße 23
Wurzellose Zähne 20

Zahnabszess 79
Zähne, wurzellose 20
Zähneknirschen 27
Zähnemahlen 27
Zahnprobleme 57, 79
Zahnschmerzen 77
Zahnwachstum 122
Zerstörungswut 103
Zick-zack-grasen 34
Zoofachhändler 57
Zucht 13
Züchter 14, 57
Zufluchtsort 60
Zusammenleben 81, 127
Zutraulich 83, 114
Zuwendung 91
Zwergkaninchen 14, 20, 123

KOSMOS

Alles rund um Zwergkaninchen

Anne Warrlich
Meine Zwergkaninchen
128 Seiten, 154 Abbildungen
€/D 9,90; €/A 10,20; sFr 17,40
Preisänderung vorbehalten
ISBN 3-440-09697-1

- Der Zwergkaninchen-Ratgeber mit dem Rundum-Wohlfühl-Programm für ein gesundes, zufriedenes Kaninchen-Leben

- Mit Extras für Kinder, Gesundheitstipps, Lexikon und vielen Profitipps

www.kosmos.de

KOSMOS

Aus der Praxis für die Praxis

Peter Beck
Liebenswerte Zwergkaninchen
64 Seiten, 103 Abbildungen
€/D 7,95; €/A 8,20; sFr 14,20
Preisänderung vorbehalten
ISBN 3-440-08959-2

- Alles über Haltung, Fütterung und Pflege
  – Mit Sammeltipps für Grünfutter und Kaninchendolmetscher

- Mit praktischen Checklisten und Tabellen zu jedem Thema

www.kosmos.de